新时代城市轨道交通创新与发展

广州 2019

主　编　丁建隆
副主编　蔡昌俊

人民交通出版社股份有限公司
China Communications Press Co.,Ltd.

内 容 提 要

本书描述了新时代广州城市轨道交通发展蓝图，提出了新时代广州城市轨道交通“安全、可靠、便捷、精准、融合、协同、绿色、持续”的发展特征。以服务交通强国战略为目标，站在粤港澳大湾区的新视野，聚焦湾区市民幸福出行，依托广州地铁二十多年的实践，持续通过科研创新，打造“服务型、引领型、融合型、持续型”的四型轨道交通体系，推进轨道交通系统向网联化、协同化和智慧化方向发展，最终实现推动智能服务系统全面升级，推动湾区轨道交通的融合发展，推动湾区轨道交通产业的升级发展。全书共分为8章，内容包括：支撑战略、把握时代发展要求；科学规划、引领湾区协同发展；以人为本、主动延伸服务价值；科学高效、保障安全可靠运营；技术创新、建设智慧城市轨道交通；智慧出行、构筑都市生活平台；共建共享、推动产业协同发展；有序推进、稳步实现持续发展。

本书可供城市轨道交通工程建设、运营管理、产业发展领域的相关研究人员和工程技术人员使用。

图书在版编目(CIP)数据

新时代城市轨道交通创新与发展 ：广州2019 / 丁建隆主编. —北京 ：人民交通出版社股份有限公司，2019.8

ISBN 978-7-114-15717-2

Ⅰ.①新… Ⅱ.①丁… Ⅲ.①城市铁路－铁路运输发展－研究－广州 Ⅳ.①F532.865

中国版本图书馆CIP数据核字（2019）第146035号

书　　名：新时代城市轨道交通创新与发展·广州 2019
著 作 者：丁建隆
责任编辑：谢海龙
责任校对：张　贺　龙　雪
责任印制：张　凯
出版发行：人民交通出版社股份有限公司
地　　址：（100011）北京市朝阳区安定门外外馆斜街3号
网　　址：http://www.ccpress.com.cn
销售电话：（010）59757973
总 经 销：人民交通出版社股份有限公司发行部
经　　销：各地新华书店
印　　刷：北京印匠彩色印刷有限公司
开　　本：880×1230　1/16
印　　张：10.25
字　　数：124千
版　　次：2019年8月　第1版
印　　次：2019年10月　第2次印刷
书　　号：ISBN 978-7-114-15717-2
定　　价：68.00元
（有印刷、装订质量问题的图书由本公司负责调换）

新时代城市轨道交通创新与发展

编辑委员会

广州地铁
Guangzhou Metro

前 言

2017 年，党的十九大明确中国特色社会主义进入了新时代，确立了习近平新时代中国特色社会主义思想为党的指导思想。新时代、新思想、新战略，对建设新时代轨道交通发展战略提出了新要求。广州地铁秉承“地铁，为广州提速”、支撑城市发展的使命，始终坚持“全程为你”的理念，为广大市民提供安全快捷的出行服务。

国家战略要求建设新时代轨道交通应以人民为中心，贯彻创新、协调、绿色、开放、共享的发展理念，建设拥有强大运输保障、生产效率和优质服务品质，科技创新引领，管理体制完善，具有国际影响力的先进轨道交通体系，服务交通强国战略。区域协同方面，建设新时代轨道交通应以构建结构合理、换乘高效、共建共享的世界级轨道交通网络为目标，支撑粤港澳大湾区形成充满活力的世界级经济区、全球影响力的国际科技创新中心、粤港澳合作示范区和宜居宜业优质生活圈的需要；城市发展方面，建设新时代轨道交通是落实广州国际综合交通枢纽、国家重要中心城市，打造“互联互通、智能生态、信息共享”现代综合交通运输体系，提升门户枢纽能级，深化枢纽型网络城市建设，实现“轨道都市”，践行满足人民美好生活向往的需要。

按照新时代赋予的新使命，对接粤港澳大湾区国家发展战略，新时代广州轨道交通将以“**服务交通强国战略、支撑大湾区高质量发展、引领轨道交通科技进步、满足市民幸福出行**”为总体目标，以“**服务型、引领型、融合型、持续型**”为总体思路，以“**数字化、智能化**”为技术发展方向，以“**安全、可靠、便捷、精准、融合、协同、绿色、持续**”为核心特征的轨道交通体系。

作为区域龙头与应用场景的提供者，新时代广州轨道交通将依托千公里网络、千万级客流，一方面，从发展成熟的广佛同城化入手，主动对接大湾区发展战略，持续完善大湾区线网规划与建设，加快构建区（市）域快线网络，实现“跨界融合”和一体化便捷出行，形成“一张网、一张票、一串城”的格局，助力实现轨道上的湾区，促进湾区社会经济融合、协同发展；另一方面，坚持创新引领发展的传统，借助新一代信息技术，运用互联网思维和技术对传统轨道交通进行重构和再造，形成“管理和服务共融、线上和线下互动、需求和资源匹配”的开放互联交通新业态、新模式，满足新时代乘客多元化的服务需求，促进轨道交通行业数字化、智能化转型升级，打造全智慧型的轨道交通产业生态链，支撑建设交通强国的国家战略。

规划层面，打破行政藩篱，形成区域共识，推进区域轨道交通网络体系建设，完善区域轨道线网层级体系、区域综合枢纽体系，发挥广州作为国家中心城市对湾区的辐射带动作用。同时，打破行业壁垒和技术壁垒，基于多制式、多样性的客流特征制订对应的服务标准，决定适配的运营模式和系统制式，实现以轨道交通为骨干的多元交通方式融合与系统整体协同，促进大湾区多等级轨道交通网络互联互通，建成经济、社会、环境、财务及技术多维度可持续发展，且布局合理与生态环境、用地及交通需求相协调及出行量相适应的世界级轨道交通网络，推动干线铁路、城际铁路、市域铁路、城市轨道交通四网融合发展、高效衔接，打造“轨道上的湾区”，支撑国际一流湾区和世界级城市群一体化发展。

建设层面，将绿色交通理念注入轨道交通全生命周期的决策中，打造绿色、低碳的轨道交通体系，引领城市发展格局，优化城市群产业空间结构。强化顶层设计，实施多制式轨道交通体系规划、建设与运营一体化策略，解决城市开发强度与交通容量及环境容量的关系，使土地使用与轨道交通系统两者协调发展，同时激活周边商业活动，减少交通拥堵所浪费的出行时间，达到人们内心觉醒与生活价值的共识。打造以绿色化建筑、数字化施工、智慧化管理为核心的智能建造平台，实现建设过程、安全管理、质量控制及文明施工管理全流程的信息化和智能化，打造安全文明、绿色环保、优质高效的生态文明建设环境，实现轨道交通与城市发展的有机融合。以节本增效为目标，实施技术创新，建设智慧轨道交通体系，在高效、安全地运载乘客的基础上，为乘客提供舒适、健康、便捷的交通运输服务。

运营层面，重点搭建面向服务的一体化城市轨道交通智能运行平台，形成新时代轨道交通的智慧大脑，实现精准客流预测、精准运能投放、精准调度指挥、精准乘客服务，提供便捷精准的乘客服务与科学高效的运营管理。以品质为核心、以数据为驱动，搭建智能化、精准化的综合服务平台，实现智能化的服务、网络化的协同、个性化的定制、服务化的延伸，为乘客提供全息感知、高品质的出行体验；创新风险治理模式，构筑智慧应急体系，强化事前风险防控；加快缓解现状满载率较高线路的平行线建设，提高走廊和线网服务能力；构建更安全、更可靠的质量保障体系，打造市民信赖、政府放心的轨道交通；基于广泛覆盖的信息网络及深度互联的信息体系，构建城市轨道交通协同信息共享机制，实现信息的开放应用、智能处理，为乘客及运营管理提供安全、高效、可扩展交互、高品质服务的信息系统。

产业层面，以资本为纽带、以产业创新为依托，整合市场、产品、合作伙伴等资源，塑造国内标杆的城市轨道交通行业和谐、协同生态圈；并通过新一代的信息集成技术驱动轨道交通技术、经验、知识的模型化、标准化、软件化、复用化，不断优化资源配置效率，实现业务和组织的弹性伸缩，为大湾区轨道交通提供高效、智能化的运营服务，形成可快速迭代、资源富集、多方参与、合作共赢、协同演进的轨道交通“用、学、研、产”的工业互联网信息新生态。

综上，建设新时代广州轨道交通体系，是落实国家 21 世纪海上丝绸之路合作倡议，建设“一带一路”倡议重要枢纽城市建设，发挥粤港澳大湾区核心增长级作用，共建粤港澳优质生活圈，发挥广州作为国家重要中心城市和省会城市，打造美丽宜居花城、活力全球城市的重大举措；是落实国家科技创新规划，坚持创新引领发展，深入实施创新驱动发展及国家大数据战略，加快建设数字驱动的新时代轨道交通战略举措；是重大历史性战略选择和促进企业可持续发展的关键问题。

本书的编写旨在明确建设新时代轨道交通的指导思想、功能定位、核心特征及建设目标，是广州地铁集团有限公司对广州市委、市政府新时代轨道交通发展责任担当“四个走在全国前列”排头兵及创新引领号召的响应，是满足广大市民日益增长美好出行体验向往的承诺。

编　　者

2019 年 5 月

目 录

第 3 章
以人为本
主动延伸服务价值

第 4 章
科学高效
保障安全可靠运营

第 5 章

技术创新

建设智慧城市轨道交通

第 6 章

智慧出行

构筑都市生活平台

第 7 章

共建共享 推动产业协同发展

第 8 章

有序推进 稳步实现持续发展

支撑战略

把握时代发展要求

1.1 建设新时代城市轨道交通的时代背景

国家要强盛，交通须先行。党的十九大报告首次提出建设交通强国战略，为我国交通发展的未来描绘了宏伟蓝图，也为建设新时代轨道交通指明了方向。新时代轨道交通建设紧贴国家政策、技术进步、行业发展、人民需求，发展正当其时。

近年来，国家先后出台了多项政策推动交通发展。2016 年 3 月，国家颁布实施《“十三五”规划（2016—2020 年）》，提出建设北京、上海、广州等国际性综合交通枢纽，提升全国性、区域性和地区性综合交通枢纽水平。2017 年 11 月，党的十九大报告指出中国特色社会主义进入新时代，在促进区域协调发展国家战略层面，明确实施新型城镇化战略，推进形成城镇发展新格局的重点任务。2019 年，中共中央、国务院发布《粤港澳大湾区发展规划纲要》，要求加强基础设施建设，畅通对外联系通道，提升内部联通水平，推动形成布局合理、功能完善、衔接顺畅、运作高效的基础设施网络。2019 年，国家发展和改革委员会（简称“国家发改委”）印发的《关于培育发展现代化都市圈的指导意见》提出，在有条件地区编制都市圈轨道交通规划，推动干线铁路、城际铁路、市域（郊）铁路、城市轨道交通“四网融合”，打造轨道上的“都市圈”。

科技创新是推动新时代轨道交通高质量发展的第一生产力。依据《“十三五”国家科技创新规划》提出的对云计算、大数据等新技术的推广应用战略，工业和信息化部（简称“工信部”）《云计算发展三年行动计划（2017—2019 年）》、科学技术部（简称“科技部”）和交通运输部《“十三五”交通领域科技创新专项规划》指出，信息化与自动化两化融合的工业互联网已成为新时代的技术发展趋势，**多层域感知、人工智能、**

移动互联、主动协同等技术的应用，推动智能轨道交通系统的全面创新，推动信息化和智能化贯穿于用户需求、设计制造、运营维护的全寿命周期。基于工业互联网、物联网的发展，将先进的智能传感、数字通信、数据处理、信息融合、计算机视觉、自主协同控制等技术有效集成，**实现大范围、全方位、实时、准确、高效的运行控制与管理，推进综合交通系统向网联化、协同化和智慧化方向发展。**

我国的城市轨道交通建设起步较晚、发展时间较短。2000 年之前，我国仅北京、上海、广州 3 座城市拥有城市轨道交通线路（未含港澳台数据，以下同），累计运营线路长度不超过 170km。进入 21 世纪以来，随着经济的飞速发展，城市化进程的加快，我国城市轨道交通正式步入了快速发展阶段，尤其是近 10 年来，在国家政策的正确引导和相关城市对规划建设城市轨道交通的积极努力下，我国已成为世界上城市轨道交通发展速度最快的国家之一。截至 2018 年年底，我国已有 35 座城市开通运营城市轨道交通，共计 187 条线路，运营线路长度达 5766.6km，年度增幅 14.6%，城市轨道交通已成为我国一线城市公共交通的主要方式之一。

广州作为我国城市轨道交通起步较早的城市，现已建成开通 15 条（段）城市轨道交通线路（运营里程 478km）和 1 条新型有轨电车示范线，线网里程排名全国第三，世界前十。2018 年，广州轨道交通日均客流 830 万人次，最高日客运量达 1003 万人次，承担了广州市 50% 的公交客运任务，客运强度位居全国首位。目前，广州在建的城市轨道交通线路有 13 条（段）、345km，待“十三五”国家已批复建设的新线全部建成开通后，累计运营里程将达到 840km，结合新一轮《广州市国土空间总体规划（2017—2035 年）》，预计到 2025 年，广州轨道交通线网规模将超千公里。作为准公益性、体量最大的城市交通基础设施，轨道交通承载广州建设枢纽型网络城市、国家重要中心城市战略功能。目前广州和佛山已实现城市轨道交通线网的融合、协同

发展，两市之间已实现主城区轨道交通的便捷通达。随着粤港澳大湾区的建设与发展，广州轨道交通将进一步向佛山、中山等周边城市延伸，未来还有望接管珠三角城际线的运营，届时周边城市将沿着轨道的“一张网”加速融合，实现人流、物流、资金流和信息流的自由流动，形成融合互通的空间格局。

城市轨道交通的延伸，改变了城市的格局，缩短了城市间的距离，也正改变着市民的出行模式。

线网建设初期，线路少，通达性弱，对市民来说，出行选择轨道交通属于“**可选项**”。随着线网发展，通达性增强，加上其固有的安全、准点、快捷等特点，城市轨道交通的作用日益显著，并逐步成为出行选择的“**必选项**”。如今，城市轨道交通网络卓越的运营表现，正使“信赖变成依赖”。据统计，广州轨道交通在公共交通市场占有率已提升至 51%，超越了常规公交系统，平均乘距也上升至 12.95km，这意味着乘客每天花在轨道交通上的时间多达 1 ~ 2h。无论目的地在哪，人们出门习惯性先选地铁站周边，这种“生活模式”说明，城市轨道交通已发展成为了市民生活的“**习惯**”。

一方面，城市轨道交通从“可选项”到“必选项”，再到“习惯”的演变过程，是其发展的必然规律，也是政府、社会、市民对其运营服务要求逐步进阶的过程；另一方面，城市轨道交通在承担交通流的同时，还承载着巨大的信息流、资金流和商务流。可以说，未来城市轨道交通不仅仅是一种出行方式，更是一种生活方式和生活态度，将逐步串联起整个城市经济、文化和生活的方方面面，融入每一位市民的生活脉络中。

1.2 新时代广州轨道交通的发展理念

新时代广州轨道交通是以“**服务交通强国战略、支撑大湾区高质量发展、引领轨**

道交通科技进步、满足市民幸福出行”为总体目标，以“**服务型、引领型、融合型、持续型**”四融合为总体思路，以“**数字化、智能化**”为技术基础，以“**安全、可靠、便捷、精准、融合、协同、绿色、持续**”为核心特征的轨道交通体系。

新时代广州轨道交通的总体目标体现在服务交通强国战略、支撑大湾区高质量发展、引领轨道交通科技进步和满足市民幸福出行 4 个方面。

在服务交通强国战略方面，建设拥有强大运输保障能力、运输效率、优质服务品质和科技创新引领、管理体制完善、具有国际影响力的先进轨道交通体系。广州作为国际综合交通枢纽、国家重要中心城市，轨道交通已成为促进城市发展不可或缺的重要组成部分。必须着力打造“互联互通、智能生态、信息共享”的现代综合交通运输体系，提升门户枢纽能级，推行“枢纽＋”战略，深化枢纽型网络城市建设，实施广州综合交通枢纽总体规划，推进“公交都市”建设，提高城市交通网络水平。以深化供给侧结构性改革为主线，着眼区域及全局，整体性、系统性、持续性推进绿色轨道交通建设。促进质量变革、效率变革、动力变革，既保障交通供给能力和供给质量，又具备更高的供给效率，实现高效运输、智慧运输。发展交通一体化多式联运，伴随综合轨道交通网络的逐步完善，打造由国铁、城际铁路、市域高速轨道、城市轨道交通组成的多制式综合轨道交通体系，构筑以轨道交通为主体的新时代城市绿色交通结构，促进交通运输战略性、引领性、基础性、服务性功能得以充分发挥，全面适应并引领经济转型、社会持续发展，满足人民日益增长的美好生活需要，支撑广州全球活力城市建设，为国家重大战略实施和社会主义现代化建设目标的实现发挥重要作用。

在支撑大湾区高质量发展方面，打造结构合理、换乘高效、共建共享的世界级轨道交通网络，支撑湾区形成充满活力的世界级经济区、具有全球影响力的国际科技创新中心、粤港澳合作示范区和宜居宜业的优质生活圈。轨道交通是引领大湾区城市群融合发展、湾区经济分布与产业关系整合、保障湾区社会经济资源要素快速合理流动的重要基础。必须以构建一体化的湾区轨道交通网络体系的新视野来规划和建设新时代轨道交通。在规划与建设层面，着力打造粤港澳大湾区的互联互通。通过主动对接大湾区发展战略，持续完善大湾区轨道交通线网科学规划和建设，实现从“城市”迈向“区域”，从“多网”迈向“融合”，从“交通配合”迈向“引领大湾区城市群发展”的新时代。在运营模式方面，实现“轨道交通公交化”，形成“一张网、一张票、一串城”的运营模式，促进城市间轨道交通网由边界换乘向贯通运行发展，城际线向公交化转变，实现轨道交通一体化智能联运、便捷通行。在车站布局、车辆形式、运营调度、乘客服务等方面，区别于国铁制式，以“公交化”的运营模式打造由城际铁路、市域高速轨道交通、城市轨道交通组成的多制式融合的轨道交通体系，确立轨道交通主体地位，使交通服务更加人性化、轻便化，乘客出行成本和出行时间更趋合理。

在引领轨道交通科技进步方面，构建交通运输创新发展体系，引领轨道交通科技进步。着力突破轨道交通工业互联网应用的关键领域，利用数字化、智能化、基础信息平台等共性技术，加快建立以科技创新为引领、以智慧交通为主攻方向、以人才为支撑的创新发展体系。构建以企业为主体、业务需求为导向、产学研相结合的技术创新机制，实施科技创新引领战略。推动工业互联网、物联网、大数据、人工智能与轨道交通运输的深度融合，构建数字化、网络化、智能化的智慧交通体系，完成轨道交通由规模优势向创新优势的蜕变。基于轨道交通静态、动态的海量数据，通过物联网将系统数据实现实时互联互通，使客服与运维数字化、可控化，实现运营过程可视化、实时化、透明化和可溯化，为轨道交通提供更安全可靠的技术支撑，为乘客提供更便捷精准的个性化服务，为设备运营维护提供更精准的设备智能感知、设备状态刻画。持续优化高端创新人才的培养体制，支持创新引领战略计划的落实。

在满足市民幸福出行要求方面，提供乘客品质出行良好体验，满足市民幸福出行需求，搭建都市圈轻生活服务平台，营造全信息感知的生态环境。以价值为导向，解决轨道交通存在的发展不充分、区域发展不平衡的矛盾，促进交通运输从短缺供给向便捷体验出行理念的转变。构建交通生态、工作生活、信息数据等多层次的网络布局，持续优化网络结构，实现“30、60”的时空目标（广州主城区至副中心、外围城区 30min 互达，广州市至大湾区城市群 60min 互达）；“60、80”的客运目标（市域公共交通占机动化出行比例 60%，轨道交通占公共交通出行比例 80%）；“80、90”的换乘目标（外围城区至主城区 80% 的轨道交通出行换乘不超过 2 次，主城区及邻接地区 90% 的轨道交通出行换乘不超过 2 次）。重视乘客出行体验，链接生活要素，不断满足人民群众日益增长的幸福获得感的要求，为乘客提供更强的增值服务；以品质为核心，着力提升运行质量和服务质量；以效率、效益为目标，着眼运营效率的持续提高；以数据驱动实现智能化的服务、网络化的协同、个性化的定制、服务化的延伸；创新运营管理体系，将运能供给与乘客需求精准对接，提升运营组织效率和服务效益。由“群体性服务”逐步升级为面向“个体化定制”的精准服务模式转变。将线网由城市交通走廊转变为都市生活走廊，将交通客流转变为有序集散的生活出行，建立出行无忧的轨道交通“轻生活”方式。推动线上平台与线下多种生活服务之间的整合，形成多种商业形态的联动合作。为人民群众提供更加个性化、多样化、品质化、高效率的轨道交通运输服务和增值服务。

新时代广州轨道交通的总体思路是以广州建设中国特色社会主义引领型城市为目标，对接粤港澳大湾区战略部署，以广州轨道交通乃至广东省城际大规模线网建设、运营及多元化发展为战略机遇，与时俱进推动轨道交通可持续发展，打造“服务型、引领型、融合型、持续型”融合发展的先进轨道交通（图 1-1）。

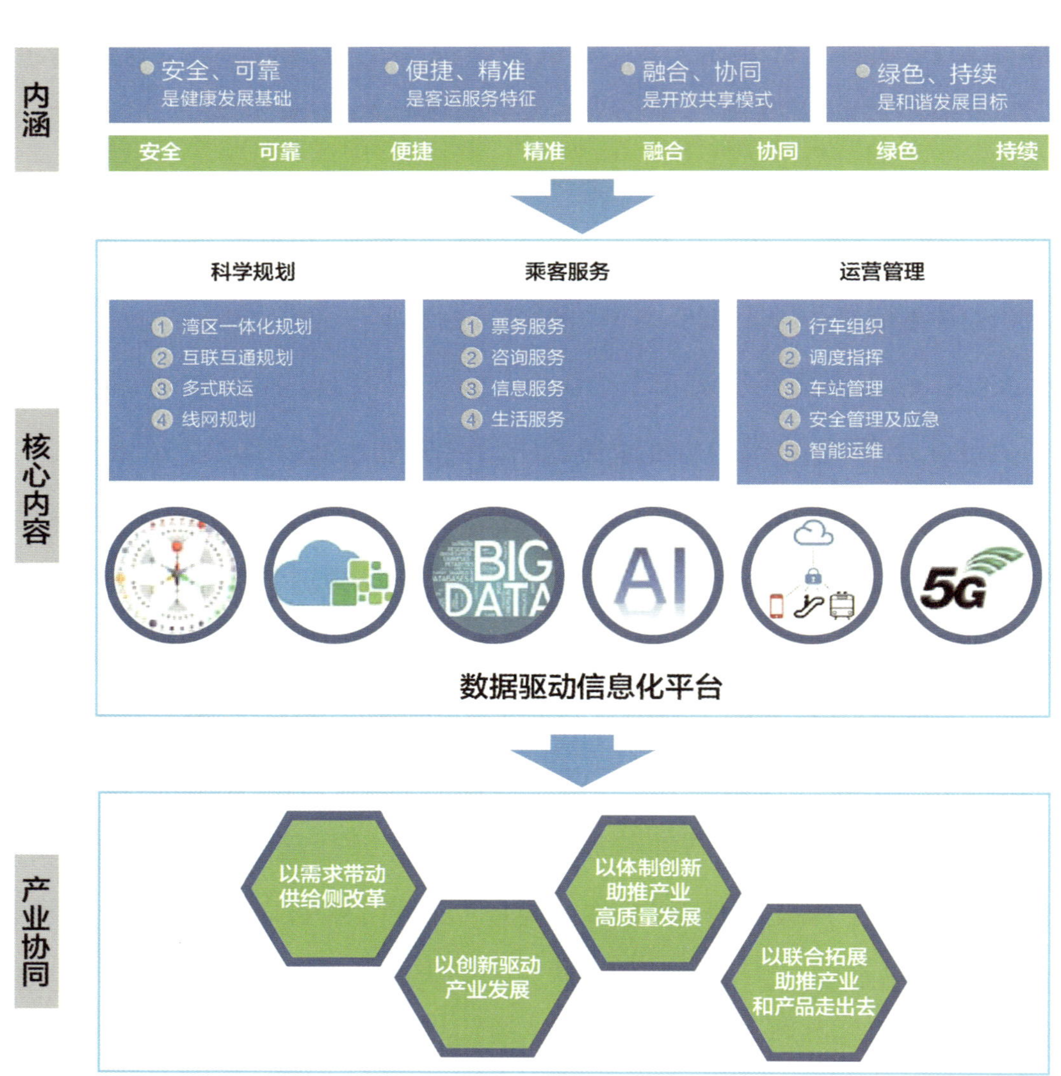

图 1-1 新时代广州轨道交通创新与发展体系

在打造"服务型"轨道交通上，实践习近平新时代中国特色社会主义思想，坚持以人民为中心，更好地满足人民美好生活需要。以加快城市轨道交通建设步伐为首要任务，2025 年实现线网里程达 1000km。优化乘客全出行链的服务品质，为市民提供更安全、便捷、智能的轨道交通服务。

在打造"引领型"轨道交通上，保持线网整体先进性，引领国内城市轨道交通的发展。以安全为本，实施创新、人才、文化驱动战略，打造一流质量，建设顶尖团队，全面实现“项目领先、指标领先、模式领先、人才领先”，使广州地铁集团有限公司（以下简称“广州地铁集团”）成为国内外城市轨道交通行业具备突出专业能力、创新能力、品牌影响力和竞争力的综合性企业，企业整体实力走在国际城市轨道交通行业前列，成为行业的典范。

在打造“融合型”轨道交通上，促进轨道交通与城市发展、区域发展融合。持续推动城市轨道交通功能与城市生活服务无缝衔接，规划建设与城市更新有机结合，轨道交通发展与大湾区城市群发展高度融合，成为塑造城市空间形态、提升城市居民生活品质的骨干力量，实现交通信息全面、实时、精准的采集和融合，为智能化交通运行控制、服务管理提供数据支撑。

在打造“持续型”轨道交通上，提升轨道交通自身造血功能，实现可持续发展。通过土地储备、物业开发、商业经营和物业管理全价值链的有机协同和管理，加快“轨道交通 + 物业”的发展步伐。以资本为纽带，以产业创新为依托，整合市场、产品、合作伙伴等资源，塑造国内标杆的城市轨道交通行业生态圈，使企业经营收入、利润满足可持续发展需要。

“数字化”和“智能化”是新时代轨道交通技术发展的必然趋势。

新时代广州轨道交通将准确把握新一代技术发展方向，利用多层域感知、人工智能、移动互联、主动协同等新技术，聚焦“智慧服务、智能运行、智能运维、智能建造”等领域，全面开展智能轨道交通系统平台的创新与探索，实现贯穿于轨道交通规划、建设、运营全寿命周期的信息化和智能化。一方面，将先进的智能传感、数字通信、数据处理、信息融合、计算机视觉、自主协同控制等技术有效集成，实现大范围、全方位、实时准确高效运行控制与管理，推进综合交通系统向网联化、协同化和智慧化方向发展；另一方面，利用互联网思维和技术对传统轨道交通进行重构和再造，打造全息感知的轨道交通体系，实现人、车、运行环境、设备、指挥调度之间的在线数据以前所未有的广度、深度和速度上进行交互与共享，营造每一处数据采集点感知全景交互的信息环境，最终形成“管理和服务共融、线上和线下互动、需求和资源匹配”的开放互联的交通新业态、新模式，满足移动互联网时代背景下个体精准化管控和社会公众一站式出行服务的需求。

新时代城市轨道交通的核心特征体现在“安全、可靠、便捷、精准、融合、协同、绿色、持续”8 个方面（图 1-2）。

图 1-2　新时代城市轨道交通核心特征

安全是乘客信赖、依赖的基础，也是政府放心的保障。新时代城市轨道交通要促进全要素更安全，应加快缓解现状满载率较高线路的平行线建设，提高走廊和线网服务能力；创新风险治理模式，构筑智慧应急体系，强化事前风险防控；利用全自动运行技术，实现行车安全全方位的自适应控制；利用多感知的运营环境监测技术、人工智能识别技术等，建立运营安全状态全息监测平台，即时感知、实时预警，并自适应联动控制列车，减少运营安全事故的发生；应用建筑信息模型（BIM）技术，构建城市轨道交通隧道设施安全状态检测平台，对隧道设施安全状态进行自动检测，实现隧道表面裂缝、沉降、变形的动态感知，消除地面施工对隧道安全的影响，为城市轨道交通网络平安运行保驾护航，**力争实现全年无重大责任安全事件发生。**

可靠是在线服役设备健壮性的标志，更是轨道交通高效运营的保障。2017 年，广州轨道交通线网列车服务可靠度在国际地铁协会（CoMET）公布的全球 38 家大型地铁同行中位居前列。新时代城市轨道交通将深化设备设施运行质量的全方位保障，**建立基于可靠性的设备设施全寿命周期的健康管理体系，确保线网具有 5min 以上晚点每周不高于 1 次的服务水平，打造"更可靠"的新时代轨道交通**。设计阶段，聚焦可靠性分配，以行车可靠度为基准，建立系统可靠性分配方法；建设阶段，聚焦设备固有可靠性的实现，从供应商选择、设备制造与安装质量保障、可靠性验证三方面建立严格的执行标准与流程，同步建立系统可靠性的常态化评价与反馈机制，满足运营对设备服役期可靠性动态评估的要求；运营阶段，聚焦可靠性的保持与提升，结合设备设施的历史表现及其对运营服务的影响程度，建立基于四象限的设备设施分类，对应构建差异化的可靠性维修策略体系，并通过实时获取全线网设备的实时运行状态，结合历史维修数据，利用大数据挖掘技术，建立设备设施可靠性趋势预测模型，指导设备设施的维修及更新改造，逐步实现由计划修向状态修、预防修模式转变。

便捷涵盖出行便利与快捷，是交通运行节奏的体现，更是轨道交通为区域融合、城市提速的体现。新时代的广州将以高质量发展为要求，构建多网融合、一体化衔接的大湾区轨道交通网络体系，完善轨道交通系统层级，实现各种轨道交通方式的优势互补，打造"四通八达"的轨道上的湾区；优化轨道交通集约化设置，实现 75% 以上人口居住和就业覆盖，满足广州主城区与相邻区域中心 1h 可达，主副双核及其他组团中心到相邻市域枢纽间 30 min 可达；打破技术壁垒与行业壁垒，推行一票式管理和信息化智能化运营，促进公交多制式一体化，简化出行流程；重视乘客出行体验，链

接生活要素，构筑都市生活服务平台，向乘客提供更多增值服务；利用无感支付技术、票务安检融合技术和区域票务信息关联技术，实现一站式便捷通行，提高市民出行品质，实现交通与城市、经济、生活和谐共生。

精准是服务品质的输出，是市民对轨道交通信赖的基础。新时代城市轨道交通将以为乘客提供高品质的出行体验为出发点，利用无线网络（Wi-Fi）、手机信令、视频分析、安检、城市规划、交通调查、线网客流、互联网等多源数据，建立全时序多场景应用的网络客流预测体系，并以此为支撑，构建网络化运营管理辅助决策平台，实现客流的精准预测、运营状态的实时感知、列车的灵活调度诱导，助力运能与运量的精准对接；建立面向需求的自适应客流控制启动与引导机制，适时通过手机应用（App）、电子导引系统等媒介，主动诱导乘客合理选择出行路径、出行方式，提高出行效率；依托智能微客服、智能机器人等应用，逐步实现车站信息咨询的智能应答、求助响应的智能服务，提高乘客出行效率；逐步构建基于轨道交通的城市轨道交通生活服务圈，为乘客提供多元化的地铁生活服务，包括建设交通脉络、站点商圈、生活驿站、文化旅游、线上服务 5 个方面，提升乘客出行体验，助力广州轨道交通**由“群体性服务”发展成为“个性化定制”的精准服务。**

融合是一种开放共享的模式，也是大湾区一体化发展的关键。作为国家重要中心城市，新时代的广州将通过建设大湾区内畅外联的轨道交通网络，促进多网合一，实现各种轨道交通制式有效衔接；构建立体化的综合客运枢纽，实现多式联运、互联互通、轨道交通一体化；加强与各城市交通融合，满足跨区域、跨方式乘客便捷出行需求，以共识打破阻隔和壁垒，形成“一张网、一张票、一串城”的格局，实现核心城市的辐射带动，促进湾区社会经济融合。

协同是大湾区一体化发展的核心。新时代的广州轨道交通将以安全保障为支撑，以信息服务为载体，支持多制式跨业务信息感知与共享，从单制式独立运营向多制式协同运营转变，发挥共同的最大效益，打造资源互补、有序衔接的区域 1h 交通圈；健全突发事件下应急响应协同联动机制，提高区域交通运输秩序修复能力，形成智能信息驱动的区域轨道交通协同运输服务体系；通过土地储备、物业开发、商业经营和物业管理全价值链的有机协同，促进“轨道交通 + 物业”的发展。

绿色是引领轨道交通健康发展的关键。新时代的广州轨道交通将绿色交通理念注入轨道交通网络规划优化决策中，解决城市的开发强度与交通容量、环境容量的关系，使土地使用与轨道交通系统两者协调发展，激活周边商业活动，减少交通拥堵所浪费的出行时间，达成人们内心觉醒与生活价值的共识。在轨道交通全寿命周期内，最大限度节约自然资源、人力资源及资金，在高效、安全地运载乘客的基础上，为乘客提供健康、便捷、舒适的交通运输服务；推动全自动运行、智能客服、节能及智慧安检等技术应用，降本增效，最大限度节约自然资源、人力资源及资金，降低能耗和物耗，保护生态环境，实现轨道交通与城市发展的有机融合，打造绿色、低碳轨道交通。

持续是经济、社会、环境、财务、技术等多领域的可持续发展。在经济可持续方面，通过构建都市生活平台，创新轨道交通服务经济，推动线上平台与线下多种生活服务之间的整合，形成多种商业形态的联动合作，将车站从城市交通枢纽转变为都市生活枢纽，将线网由城市交通走廊转变为都市生活走廊；在社会与环境可持续方面，通过在城市主交通走廊中，完善大容量快速轨道交通线路，逐步建成布局合理、需求适应的多层次、多平面的轨道交通网络；在财务可持续方面，将以资本为纽带、以技术创新为依托，在打造全智慧型的产业生态链的同时，携手本地企业走出去，推动广州轨道交通产业全面、可持续发展；在技术可持续方面，通过开展前瞻性技术研究与创新场景应用落地实施，率先推动互联网、物联网、人工智能等新兴技术与轨道交通运营服务的跨界融合，创新研发匹配新时代发展的轨道交通智慧平台，确立广州在大湾区智能轨道交通建设中的先发优势，持续引领轨道交通健康发展。

1.3 实现路径

新时代城市轨道交通的建设与发展，关键在于顶层设计，核心在于合作共享，目的在于示范应用，根本在于体制机制的创新。

必须抓住顶层设计主线。从规划、线网、技术、产业等层面着手进行统筹规划，精准定位，统览新时代城市轨道交通发展全局。

在规划层面，依托大湾区核心城市定位，抓住承接珠三角城际线运营的历史契机，融入湾区轨道交通规划体系，从探索湾区城际、区（市）域、城市轨道交通网络协同运输起步，向湾区轨道交通跨层级互联互通、跨城市一体化网络融合逐步迈进。加快区域轨道交通网络体系构建、建立轨道交通互联互通技术体系，以湾区内广州、深圳两市为主体，构建区域轨道交通管理体系，研究提出各城市可操作的互联互通管理模式和机制，实现区域“**互通互联、换乘便捷、多城一网、一票通达**”，发挥珠三角区域可持续发展的引领作用。

在线网层面，加快骨干线路建设，2025 年实现外围城区至主城区 80% 轨道交通出行换乘不超过 2 次，主城区及邻接地区 90% 的轨道交通出行换乘不超过 2 次。建立规划滚动编制模式及区域轨道交通发展评估和改善机制，结合城市总体规划对轨道交通发展的要求，完善以轨道交通为骨干的城市公共交通体系，促进多中心组团、网络型城市功能布局，有效推进近期重点发展的战略平台建设，实现重点发展地区轨道交通的全覆盖。增强重要枢纽间线网的互联互通，2025 年实现公共交通占机动化出行比例及轨道交通占公共交通出行比例分别大于“55、60”，远期大于“60、80”的客运目标。加强组团与市中心的联系，市域高速轨道交通实现主副中心间、5个外围城区互联，通过快线衔接，覆盖19个新型城镇（90%覆盖），提升网络层级效率。强化与周边城市的衔接，主动谋划对外轨道交通通道，推动珠三角1h都市圈的建设，**持续完善线网科学规划和建设，提供更优质的交通服务，推进“智慧地铁”建设。**

在技术层面，对接大湾区综合轨道交通发展需求，打破目前轨道交通各专业系统封闭、隔离、固化、信息孤岛化而导致升级困难、管理瓶颈突出的现状，广泛运用物联网、大数据、云计算、人工智能等新兴技术，构建城市轨道交通的数据中台、技术中台、业务中台，搭建信息化和工业自动化深度融合、面向服务的一体化城市轨道交通智能运行系统，形成新时代城市轨道交通的智慧大脑。同步在客流精准预测、行车安全保障、全息感知精准服务、运营环境安全保障、绿色节能环保、关键设备设施智能诊断和健康管理等应用领域加强技术研发和迭代更新，通过新一代的信息集成技术驱动轨道交通技术、经验、知识的模型化、标准化、软件化、复用化，不断优化资源配置效率，实现业务和组织的弹性伸缩，为大湾区轨道交通提供高效、智能化的运营服务，形成可快速迭代、资源富集、多方参与、合作共赢、协同演进的轨道交通“用、学、研、产”的工业互联网信息新生态。

在产业层面，推动新时代智慧轨道交通及城市综合体建设得以有效落实，从供给侧角度发动产业联盟中优势企业参与。一方面，通过模式优化带动区域先进制造业领先发展，为区域产业链的形成助力；另一方面，通过与本地企业的高度联动，获取定制化的产品与服务，以市场驱动本地轨道交通系统的产业化。广州地铁集团作为区域龙头与应用场景提供者，通过城市轨道交通建设项目培育本地企业发展，利用国家工程实验室平台开展产业化重大课题科研，并加快科研成果的应用转化，牵头实施若

干重大产业化项目，极大推动城市轨道交通产业化、高端化的进程。

完成顶层设计只是第一步。发展新时代城市轨道交通还必须将合作共享摆在核心位置。

发挥行业品牌优势，利用技术创新和大数据应用能力，依托国家级科研机构和广州轨道交通产业联盟两大抓手，重点突破“智能建设、智能装备、智慧服务、检测认证”4 个产业，培育新增长点，形成产业新动能。整合产业上下游企业专业服务，成为行业领先的城市轨道交通一体化服务提供商，推动“轨道交通 + 产业”走出去，扩大国内外市场占有率，塑造世界级的产业影响力，助推城市轨道交通产业做大、做强、做优。遵循“强一级，优二级，提三级”的“轨道交通 + 物业”发展策略，通过加大土地整理力度、开展全周期合作模式、建立物业开发联盟等，为城市轨道交通可持续发展提供更强有力的资金支持。计划至 2025 年，累计完成场站综合体项目土地整理出让面积近 300 万 m^2，为新线建设融资 700 亿元以上。

倡导先行先试。

以专项研究为引导，以成果效益为本质，以工程建设为依托，以运营实践为核心，循序渐进部署和推进示范应用，采用分阶段分类别的方式组织落实。聚焦“乘客服务、行车组织、调度指挥、车站管理、运营维护、安全保障及应急处置”6 类业务，有针对性地制定智慧轨道交通功能等级体系（包括 22 类 80 细项），基本涵盖轨道交通领域智能化需实现的功能，且具备行业典型应用场景的特点，适应人工智能技术发展的迭代演进需要。未来将以此为指导，根据业务需求和技术迭代方向，逐步选取项目，并逐步进阶落地。

体制机制创新决定着新时代城市轨道交通发展的成败。

必须加大创新投入，完善创新激励机制、容错机制，凝聚创新资源。建立以市场为导向、企业为主体、用产学研深度融合的科技创新体系，打通从科研成果到工程化再到产业化的业务通道。强化国家工程实验室科技成果转化与产业化平台的定位，开展高端智能装备研发与产业化。以“数字化、智能化”为方向，推进“智慧轨道交通”建设，加快智慧服务、智慧管理、全自动化运行、智能运维、生产云平台及大数据运用等系统研发和应用，确保新一轮线路技术先进。依托国家工程实验室开展行业前瞻共性关键技术研究，突破技术瓶颈，发展新技术、新产品、新模式，提升核心领域创新能力。着力推进国家“十三五”重点研发计划“城市轨道系统安全保障技术”“复杂环境下轨道交通系统全生命周期能力保持技术”等一批重大科技项目。围绕高质量、高速度推进新线建设，着重开展车站和建筑装配式建造技术、隧道大盾构技术等技术的研究和应用，实现产业的全面转型升级。

广州地铁
Guangzhou Metro

第 2 章

科学规划

引领湾区协同发展

随着国家《"十三五"规划(2016—2020 年)》《粤港澳大湾区发展规划纲要》都市圈等重要战略规划及政策的颁布实施，以及广州与周边城市的社会经济和城市化水平的进一步提高，广州、深圳、东莞、佛山等城市轨道交通线网建设进一步加快，珠三角区域轨道交通面临新的时代发展背景。

粤港澳大湾区发展战略对区域轨道交通规划布局提出了新的要求。《粤港澳大湾区发展规划纲要》提出，加快广州—深圳国际性综合交通枢纽建设，推进大湾区城际客运公交化运营，推广"一票式"联程和"一卡通"服务，加快智能交通系统建设，推进物联网、云计算、大数据等信息技术在交通运输领域的创新集成应用等具体发展要求。

国家"十三五"规划纲要对广州综合枢纽城市建设提出新的要求。国家《"十三五"规划(2016—2020 年)》提出，建设北京、上海、广州等国际性综合交通枢纽，提升全国性、区域性和地区性综合交通枢纽水平。2016 年，国家发改委、广东省政府、广州市政府共同签署了《关于共建综合交通枢纽示范工程的合作框架协议》，将广州纳入国家发改委与地方政府共建枢纽示范城市之一，着力提升广州枢纽功能、增强广州国家中心城市地位。

区域内城市逐渐连片发展客观上产生了轨道交通线网互联互通的自然发展需求。2014 年，广州市行政区由"十区二市"调整为"十一区"，新广州市辖面积由 3843.4km^2 扩大到 7434.4km^2。随着广州与佛山、东莞、中山等城市化水平的不断提升，城市轨道交通线网规模的不断扩大、交织，客观上产生了线网互联互通的自然发展需求。

2019 年 2 月颁布的《国家发改委关于培育发展现代化都市圈的指导意见》(发改规划[2019]328 号)提出，打造轨道上的都市圈。根据该指导意见，到 2022 年，都市圈同城化将取得明显进展，基础设施一体化程度大幅提高，阻碍生产要素自由流动的行政壁垒和体制机制障碍基本消除，成本分担和利益共享机制更加完善，梯次形成若干空间结构清晰、城市功能互补、要素流动有序、产业分工协调、交通往来顺畅、公共服务均衡、环境和谐宜居的现代化都市圈。

基于粤港澳大湾区现状及未来发展，广州地铁集团需深刻认识湾区社会经济产业一体化发展趋势，满足湾区轨道网络一体化发展需要，做好迎接湾区轨道技术体系和湾区轨道管理体系变革的充分准备。

2.1　发展趋势

广州轨道交通走过了从“点”向“面”、从“线”向“网”的创新发展历程，运营线网规模从 36km 发展到 478km。截至目前，湾区内广州客运铁路枢纽运营里程已达 240km，规划里程达 550km，计划建设“五主四辅”的枢纽体系。

珠三角城际轨道交通网已建成开通广珠、莞惠、广佛肇 3 条线路 327km，正在建设及计划建设 9 条（段）约 365km，预计 2023 年建成开通 692km。

广州、深圳、佛山、东莞、中山 5 市远期城市轨道交通规划总里程达 4248km，其中，广深佛莞 4 市已开通运营总里程达 799km（不含有轨电车）。

2018 年，广东省开展了粤港澳大湾区城际铁路规划，着力打造“四向拓展”的对外高铁通道格局和“三极三轴放射”的湾区城际铁路格局，初步规划远景粤港澳大湾区内城际铁路网总规模约 5000km（含高速铁路、普速铁路和城际轨道），其中，湾区内城际铁路里程约为 1700km。

截至 2018 年年底，湾区总人口约 6800 万人，湾区 9 市城际轨道交通、城市轨

道交通已开通运营总里程约 1164km，规划总里程约 6000km。

广州与周边 7 市轨道交通规划示意如图 2-1 所示。

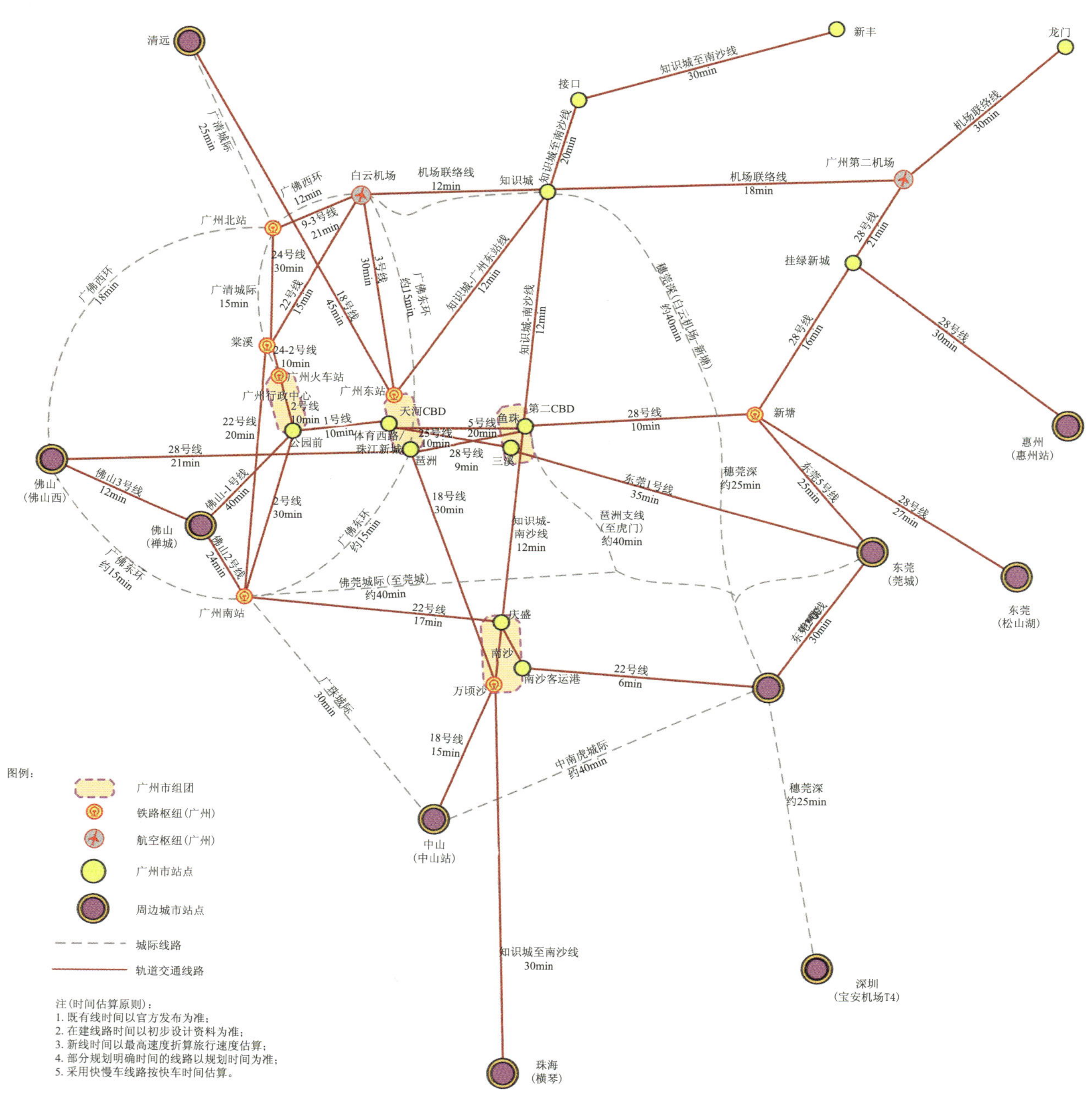

图 2-1　广州与周边 7 市轨道交通规划示意图

参考旧金山、东京、纽约三大国际湾区发展经验，粤港澳大湾区将发展成为以开放性、创新性、宜居性和国际化为特征，具有开放的经济结构、高效的资源配置能力、强大的集聚外溢功能和发达的国际交往网络，具备引领创新、集聚辐射的核心功能，并带动华南、全国乃至全球经济发展的重要增长极。**在粤港澳大湾区发展战略的指引下，湾区城市群将发展升级成为突破各城市行政边界，实现区域内社会、经济、综合服务设施等一体化融合的高端经济集聚区。未来，湾区轨道交通必将呈现一体化融合发展的新趋势。**

湾区空港、陆港、海港枢纽由城市一体化互联向湾区一体化融合发展。各城市内部的机场枢纽、国家铁路枢纽、海港枢纽、公路客运枢纽将突破行政地域限制，通过构建区域快速轨道交通网络直通互联、票务共享机制等，实现枢纽的区域一体化融合共享。

湾区国铁、城际、区域快速轨道交通、城市轨道交通由换乘衔接向多网合一发展。当前珠三角各城市内部高铁、国铁、珠三角城际轨道交通网、城市轨道交通线网等已实现了良好的换乘衔接，呈现出多网并存发展的特点。未来将在湾区社会经济一体化发展的基础上，实现湾区内国铁、城际轨道交通、区域快速轨道交通、城市轨道交通线网的互通互联、协同运输，向湾区多网一体化融合的方向快速发展。

湾区相邻城市轨道交通线网由边界换乘向贯通融合发展。2010 年，国内首条跨市地铁广佛线开通运营。2017 年，广州地铁 7 号线西延至顺德段启动建设；同期，广佛城市轨道交通互联互通规划获得两市政府批复，该规划提出了“9+2”共 11 条地铁互联互通通道。2018 年，东莞、中山、珠海、清远、惠州与广州轨道交通衔接规划启动对接并逐步落地；同期，深圳、东莞、惠州也已谋划轨道交通相连；在粤港澳大湾区发展战略的指引下，湾区各相邻城市轨道交通线网必将突破行政边界，走向区域一体化融合。

可以预见，未来为支撑国家、湾区及广州城市发展战略，贯彻新发展理念，顺应湾区轨道一体化的发展趋势，广州地铁将进入从“城市”迈向“区域”、从“多网”迈向“融合”、从“交通配合”迈向“引领大湾区城市群协同发展”的新时代。

2.2 规划目标

新时代广州轨道交通将从发展成熟的广佛同城化入手，主动对接大湾区发展战略，持续完善大湾区线网规划与建设，努力构建**结构合理、换乘高效、共建共享的世界级轨道交通网络**。期间，在耦合城市总体规划体系，符合广州市 2035 年城市总体规划及综合交通规划提出的区域和城市轨道交通发展目标的前提下，实现如下目标：

实现“30、60”时空可达目标。在符合粤港澳大湾区发展战略规划的前提下，实现湾区、市域、枢纽不同等级出行可达性，先后实现广州市域“一主一副”双核心及其他组团中心到相邻市域枢纽间 30min 可达、广州市域“一主一副”双核心之间以及核心与城市外围组团中心间 30min 互达、广州主城区与相邻区域中心 60min 互达。如图 2-2、图 2-3 所示。

实现 55% 以上的出行分担率目标。至 2025 年，实现轨道交通占公共交通出行比例接近 55%；远期实现轨道交通占公共交通出行比例 80%。

实现 75% 线网覆盖率的目标。至 2025 年，实现对广州市 75% 城市人口覆盖及 85% 就业岗位覆盖。

实现不超过 2 次换乘的目标。至 2025 年，外围城区至主城区 80% 的轨道交通出行换乘不超过 2 次；主城区及临接地区 90% 的轨道交通出行换乘不超过 2 次。

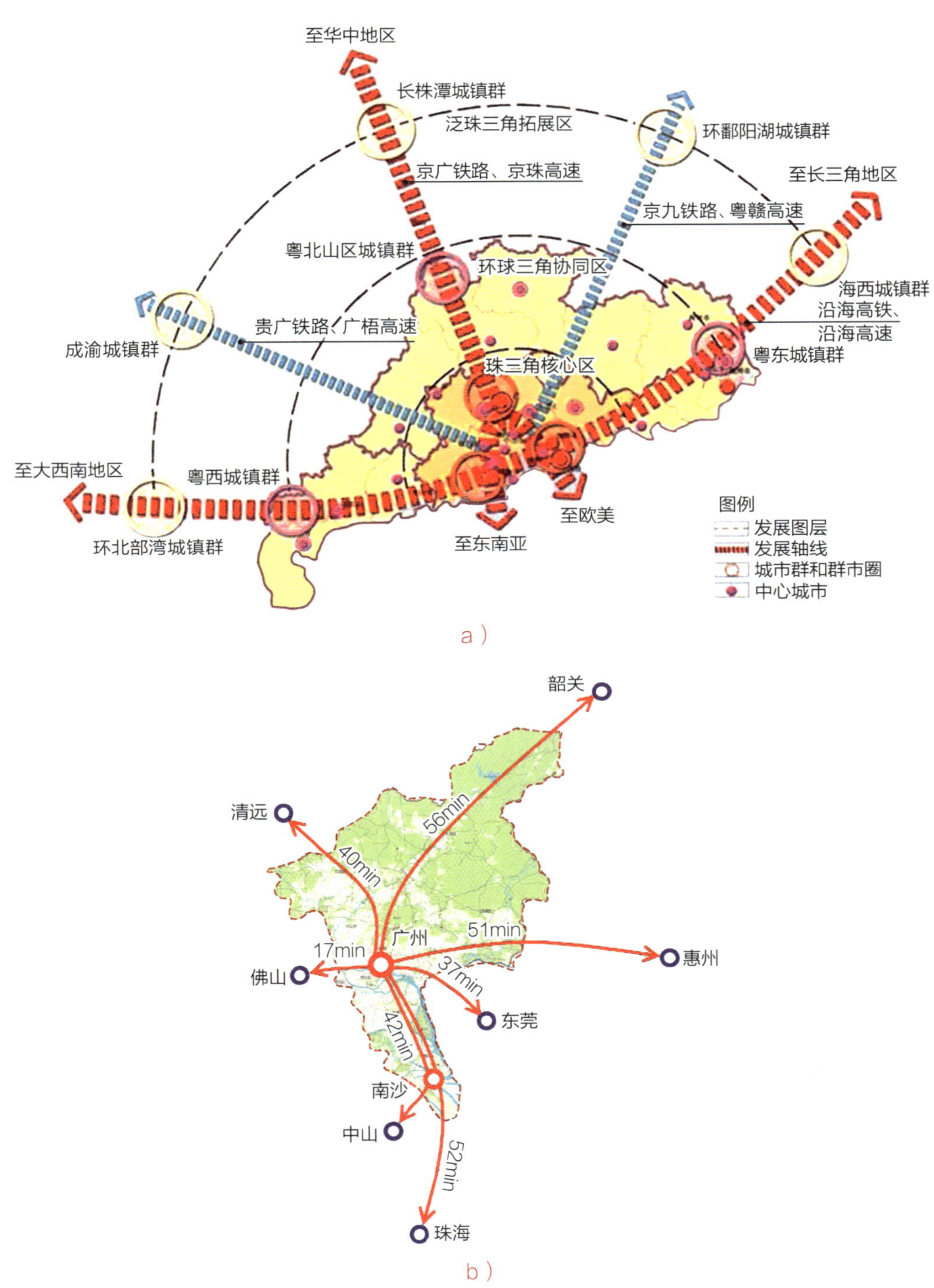

a）

b）

图 2-2　区域出行可达性示意图

图 2-3 轨道线网与市域城乡体系规划耦合示意图

实现精准高效服务的目标。对接全球化经济发展趋势，力争实现核心重要经济活动区的轨道交通 24h 长时服务；灵活化的线路设计，实现运力的精准投放，实现中心区骨干线路服务水平达到 2min，中心区其他线路服务水平达到 3min；提升新线运能标准和换乘效率，实现区域综合客运枢纽不同运输方式间换乘时间不超过 5min；优化换乘站自适应空间设计，确保适应多场景下的乘客流线组织。

2.3　发展路径

推动湾区一体化融合发展，首先要完善轨道交通系统层级和功能分配，实现各种轨道交通方式的优势互补，促进轨道交通与城市群融合发展。

从珠三角城市群的区域经济结构重心和发展引擎现状来看，“广佛”和“深港澳”的强两极形态形成已久（图 2-4）。2017 年，广州、深圳生产总值累计占湾区 9 市的 58%，占广东省的 49%；广州、深圳常住人口合计达 2700 万人，累计占湾区 9 市的 44%，人均生产总值达湾区 9 市的 120%；广州作为国际产业服务中心和全球性物流枢纽中心，也是岭南文化中心及华南重工中心，具有科研资源丰富、交通便利和完整的产业链优势；深圳在金融领域、科技创新、新兴产业、生态环境等方面具有超强竞争实力。可以预见，未来大湾区是**两极结构的延续**或是**两极的继续强化与西岸“珠澳”新极点的崛起**，这一崛起将由区域发展成本和价值溢出的时机所决定。基于湾区内“广佛”和“深港澳”现状强两极继续演进发展的考量，**粤港澳大湾区初期将形成“两极并重、并进发展”新格局。**

区域轨道交通发展将首先**从区域同质化服务的基点开始自身的变革**。其中，从湾区一体化发展的角度来看，区域经济一体化提出以“广佛”和“深港澳”现状两极或

图 2-4 广州轨道交通层级体系示意图

“珠澳”新增长极为核心的区域内多中心体系的重构需求；从两极同权发展的角度看，“广佛”和“深港澳”两极对外辐射具有同量级的空港、陆港（铁路）、海港需求，经济辐射能力具有竞争和互补的双重关系，**湾区枢纽呈现一体化发展趋势，对周边地区均需满足同城同质的服务需求。**

在上述需求推动下，湾区轨道交通将形成明晰的层级功能分配与整合。其中，**高速铁路**将成为粤港澳大湾区对外辐射和湾区内各核心城市间高速直联的重要方式，增强大湾区对外辐射能力，满足湾区至相邻省会城市 3h 通达、核心城市间 0.5h 出行需求；**机场**将重点面向国际和国内，满足分区域直接服务和互补服务的双重功能；**城际铁路**将在满足大湾区至省内中心城市 1.5h 通达、大湾区主要城市间主要节点 1h 通达的目标需求的同时，提升运营服务水平，尤其是服务频率和服务方式；**区（市）域轨道交通**，在满足原市域出行要求的同时，重点解决湾区核心城市与周边相邻城市之间的快速连通性，成为各城市原有城市轨道交通线网融合的基础，继而形成连接大湾区重要城镇节点的骨干网络，是实现重要城镇节点间 30 ～ 45min 出行目标需求的最重要方式；**城市轨道交通**则将成为实现原各城市综合交通目标的主体方式。

基于以上功能分配，大湾区轨道交通发展重点将是构建区域轨道交通一体化网络，突显以其为基础的城市群机场枢纽、交通枢纽连接的双重要求，区域内实现高铁、城际铁路、区（市）域快线、城市轨道交通间的承接与分工体系，继而形成大湾区轨道交通网络的互联互通机制、技术选型、资源共享、服务共享、区域管理等一系列的重大变革。最终，将促成大湾区轨道交通联盟的构建形成，从政府和企业层面展开政策、技术和管理研究，各城市及各运营主体共同签署区域轨道交通联运协议，建立区域轨道交通联运机制，实现区域轨道交通服务的共建、共管、共享。

推动湾区一体化融合发展，其次是要推动湾区轨道交通网络一体化协同发展。

比肩世界一流的湾区发展，面向珠三角城市群的未来趋势，广州轨道交通线网将拓展广州都市圈层的发展腹地，梳理与粤港澳大湾区城市群关系，构建与佛山、东莞、中山、惠州、清远等周边城市之间的发展关系，形成层次合理、配合完善、衔接方便、互联互通的轨道交通网络体系。依托湾区核心城市定位，肩负引领湾区协同发展的重任，抓住承接珠三角城际轨道交通线网运营的历史契机，广州地铁集团需要在重新审视湾区轨道交通规划体系的基础上，从探索湾区城际、区（市）域、轨道交通网络协同运输起步，向湾区轨道跨层级互联互通、跨城市一体化网络融合逐步迈进。

规划层面，加快湾区轨道交通网络体系构建。即适应“单点、单区域”向“多区域、多中心”的规划理念转变，**站在世界级枢纽城市、国家中心城市、湾区核心城市的高度，深入思考、重新梳理湾区轨道交通线网的规划原则、规划目标、规划时空要求，从区域角度审视、调整、完善广州轨道交通线网结构**。首先，在共建、共享区域空港、陆港（铁路）和海港，形成湾区经济一体化理念指引下，依托粤港澳大湾区铁路网及城际网规划，加快构建区（市）域轨道交通快线网络，完善区域轨道交通线网层级体系，完善区域综合枢纽体系，促进多层级轨道网络融合互联，以区域乘客出行需求为导向，**实现大湾区轨道交通系统“互通互联、换乘便捷、多城一网、一票通达”的发展目标**；其次，创新区（市）域快线系统制式，加快发展以广州轨道交通 18 号线和 22 号线为代表的速度 160km/h 以上公交化运营的市域快线系统，在快慢车运营组织模式、自主知识产权的市域车辆、长时化运营、区域联运等技术方面取得突破，为湾区轨道发展提供新的选择，为国内其他城市群轨道发展提供示范。

技术层面，建立轨道交通互联互通技术体系。即在城市间轨道交通线网互联互通、轨道交通网与城际轨道交通线网互联互通的研究中，需从线网关系研究、管辖权规划（含安保、消防、警务、运营管理、应急指挥等）、系统制式等资源共享规划、票务清分规则和区域清分设施规划、运输组织、信息互联互通、设备设施维护、安全应急处理等方面取得突破，解决互联互通的技术障碍，建立互联互通的技术规则，完善互联互通的技术体系；在区域管理及服务的技术路径上，结合当前“云计算”等新兴网络信息技术，研究建立粤港澳大湾区轨道云计算中心，建立区域票务清分平台、区域资产管理平台、区域运营管理平台、区域应急指挥平台等云计算平台，各城市轨道交通、城际轨道交通建立独立的私有云计算中心，实现区域内轨道交通各相关系统信息的共享，按照制定好的规则运行，为区域轨道一体化做好技术准备。轨道交通互联互通技术体系如图 2-5 所示。

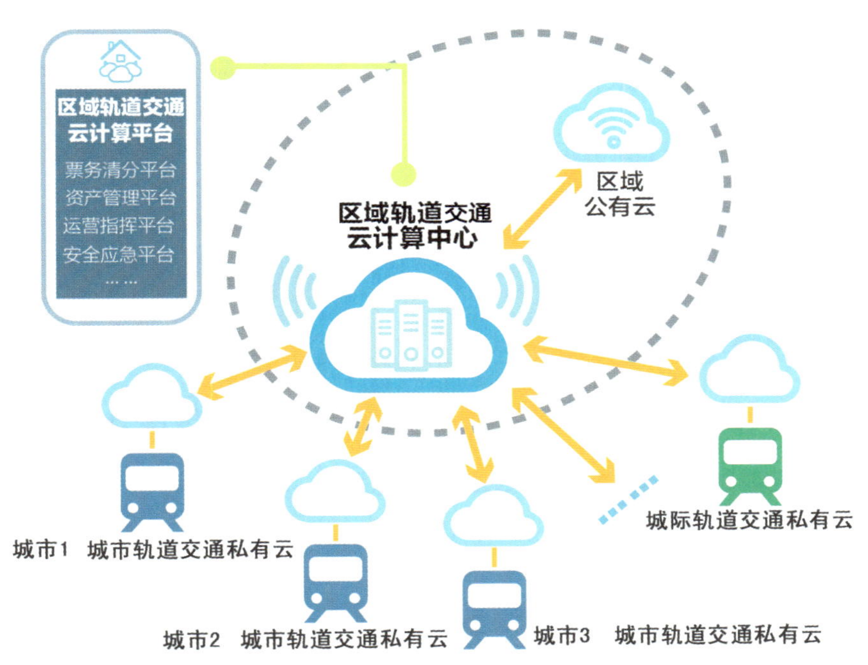

图 2-5　轨道交通互联互通技术体系

管理层面，以湾区内广州、深圳两市为主体构建区域轨道交通管理体系，研究提出各城市可操作的互联互通管理模式和机制。创新跨城市、跨层级轨道交通项目的规划、立项、投融资、建设、运营、经营、验收、资产等管理机制，积极组织开展城市间轨道交通网及轨道交通网与城际轨道交通网间互联互通的规划管控、立项模式、投融资及资产管理模式、票制及票务管理、运营模式、维护模式、建设管理模式、经营模式等研究，突破由于行政主体、实施主体、管理主体不同存在的障碍，保障湾区轨道交通互联互通的落地实施。同时，基于湾区短期内两极化并进发展的趋势判断，立足于广州和深圳轨道交通的发展经验和技术优势，以广州、深圳两市为主体构建区域轨道交通管理体系。

2.4 规划体系

以整合粤港澳大湾区内不同层级、不同城市轨道交通规划为抓手，广州地铁集团未来将着力引领开展如下方面的规划研究，全面构建湾区轨道交通一体化规划体系。

制订融合的一体化线网规划。广州与湾区内其他城市正结合下一轮（2035 年）城市总体规划组织新一轮城市轨道交通线网规划修编，全面整合湾区内国铁、城际轨道交通、各城市轨道交通线网规划，主动新增对接东莞、佛山、深圳、珠海、中山、清远等城市的市域轨道交通网络层级，**从湾区区域重心分布的角度分析，统筹考量区域内各层级轨道交通网络体系和效率的科学与合理性，实现各层级轨道交通网络的融合归一。**

超前开展互联互通技术规划。超前开展广州与湾区内其他城市轨道交通互联互通规划、城市轨道交通与城际轨道交通网互联互通技术研究，对于同级及跨层级的湾区互联互通线路提前规划确定统一的技术标准。目前，广州地铁集团已联合佛山铁路投资建设集团有限公司共同组织完成了《广佛两市城市轨道交通互联互通专题研究（2025 年）》，下一步将在此基础上向整个湾区推广。同时，充分利用广州地铁集团接管珠三角城际网运营的历史契机，梳理研究城际网与城市轨道交通线网互联互通、协同运输的技术规划。

前瞻性开展长时运营规划。为支持湾区经济发展，发挥广州核心城市优势，进一步巩固广州全球活力城市、国家重要枢纽城市地位，借鉴纽约、伦敦、柏林等国际城市轨道交通长时运营服务的先进经验，超前组织开展长时轨道交通运营规划研究，制订长时运营服务发展计划，全面支持广州世界级枢纽城市建设。

统筹制订线网控制指挥规划。结合广佛轨道交通十多年来协同发展积累的经验，考虑广州地铁集团接管珠三角城际网运营的新需求，研究制订湾区城际网与广州轨道交通网、广州轨道交通网与其他城市轨道交通网一体化运营下的控制指挥规划。

组织开展设备制式规划。按照统一技术标准、区域资源共享的原则，组织开展区域内同层级或跨层级互联互通线路的设备制式规划，区域内同层级或跨层级互联互通线路所采用的设备应尽量统一技术标准和制式，便于不同线路设备之间的信息交互，降低各线路设备互联互通的技术障碍。

研究制订清分系统规划。开展区域轨道交通清分系统规划（含城市及城际）。研究建立城际清分中心、各城市清分中心的分级体系，实现票务收入、客流数据、统计报表等相关信息的互通。

研究互联互通设备系统规划。信号及通信系统方面，研究区域内统一的系统制式，按照互联互通标准逐步推进线路工程建设，实现跨市线路的无缝衔接、贯通运营，促进信号系统跨市融合。供电系统方面，研究统一互联互通线路供电制式及电压等级，保持延伸线与原线路一致。

研究制订设备维修维护规划。研究统一区域内相同系统制式的维护维修技术标准和检修制度，便于设备维修维护的相互支持、资源互补。

2.5 解决方案

基于广佛两市城市轨道交通一体化建设的经验，从规划管控、立项审批、投融资及资产管理、建设管理、运营管理、服务解决方案、运营维护及应急解决方案、可持续发展解决方案、政策解决方案 9 个方面提炼出湾区轨道交通一体化规划实施的解决方案。

规划管控方面，主要实现对线网规划、用地规划的管控。互联互通线路沿线通过的城市的规划部门分别为其所属区域线网规划方案的规划主管单位。线网规划审批分别报所属区域城市政府审查、市人大审议后，纳入到城市国土空间规划上报国务院审批，作为近期建设规划立项的依据。如为城际线路，则按国家关于城际轨道交通线网的管理规定执行。线网规划方案中双方统筹确定互联互通线路的总体技术方案，包括线路功能定位、走向及衔接方式等。各城市必须提前做好互联互通线路所属区域的地铁主体工程规划及场站综合体（含交通衔接）开发规划，以及线路站位的规划及用地控制，可考虑按照各城市在“投入”与“受益”方面比例关系控制车辆段、主变电站等轨道交通设施用地规模。

立项审批方面，解决跨区域轨道交通立项需协调解决不同行政区和不同企业主体条件下的统筹申报、统一方案及高效审批。探索“主导方立项”的立项模式，项目主导方牵头做好前期工作策划，组织编制并主持审查项目的技术方案；项目经过有关区域的城市主管部门及轨道公司参与审查前期技术方案。互联互通线路应作为一个整体，由项目主导方负责建设规划报批立项。探索跨市互联互通线路立项审批的新机制。按照“属地投资”的原则，各城市的发改委及财政部门应负责制订所属区域内线路的资金筹措方案，解释有关财政数据，并向合作方出具资金承诺。

投融资及资产管理方面，区域轨道交通涉及多个城市及多个主体，其投融资、资产管理和运营补亏等需建立统一规则。推行基于“属地投资”的资金分担机制，基于项目投资分摊原则和广州与湾区内其他城市政府批复的项目资本金比例，按照“按时、同时、全额”的原则，由各城市政府负责落实项目资本金，通过各市政府出资代表出资。同时，做好项目运营资金（亏损资金）、专项资金分摊，实现建设、运营期间资金监管，并以“谁投资、谁拥有产权”为基本原则进行资产管理。

建设管理方面，重点确定建设管理、建设标准、建设期各类许可及前期工作的组织模式。按照“属地建设、统一协调”的原则确定建设模式，由广州与湾区内其他城市政府共同成立建设领导小组，建立项目建设协调机制，负责研究、协调和解决项目推进过程中的重大问题。项目勘察设计由主导方统筹。根据属地化原则，由各城市政府主管部门分别负责审批和发放规划许可（总平面、建设规划用地许可、建设工作规划许可）。前期工作按属地化原则，由各城市分别负责。各城市统筹编制业主项目管控方案。土建施工采取属地化管理模式，共同梳理施工风险清单及应对策略。机电系统施工，统一标准，由项目主导方统筹机电系统施工管理，项目主导方作为整个机电工程的调试管理机构，整体负责调试管理工作。原则上参照项目主导方既有程序开展项目验收、竣工验收。采取属地管理模式，各城市轨道公司负责本区域内线路工程档案管理工作。

运营管理方面，重点制订区域轨道交通互联互通条件下的运营主体、运营管理、运力配置、跨线运营等方面的规则。为减少运营管理接口，提升运营管理效率，原则上由项目主导方作为项目运营主体负责项目运营管理，或协商委托广州与湾区内其他城市其中一方作为项目运营主体负责项目运营管理，或协商确定运营商。广州与湾区内其他城市轨道交通衔接线路按照“贯通运营”的原则由一家运营单位负责运营

管理。结合广州与湾区内其他城市衔接线路客流需求及对各自线网的影响，合理设置衔接线路行车间隔，使运能与需求相匹配，充分考虑衔接站点的换乘便捷性和运营服务需求，实现首末班车的有效衔接，方便广州与湾区内其他城市乘客出行。鉴于衔接线路属于跨市线路，乘客乘坐距离长，在车辆选型设计时可考虑提高列车站立标准，适度提升乘客跨市出行舒适度。广州与湾区内其他城市轨道交通运营单位应协商采用统一的清分原则、清分规则体系和清分算法。研究建立城际清分中心、各城市清分中心的分级体系，城际清分中心定位为市级清分中心以上的城际自动售检票业务清算中心，由各市轨道交通企业共同出资建设，或双方协商委托其中一方建设。

服务解决方案方面，区域服务的统一共享和同质化服务需求，必须确定服务时间、服务界面、乘客体验等相关方面的规则，主要包括运营服务时间、首末班车衔接、导向设计、线网图设计、车站编码、乘客服务、乘客事务处理、客流联控、票务清分机制、车票互认、支付业务等。

运营维护及应急解决方案方面，区域轨道联运还需解决好运营维护、信息互通、应急处置、安保机制等多方面的规则。设备管理重点研究做好衔接换乘站的关键设备信息互通或设备互控。**控制权限**相互独立，本线路控制中心负责管理本线路设备，对邻线设备只监不控，保证控制信息不冲突，确保设备的安全、稳定运行。广州与湾区内其他城市衔接线路应急信息应及时互通，信息准确，最大程度减少突发事件对乘客影响。**信息报送**按照分级报送，事件影响达到报送上级单位条件时（如市应急办、市交通管理部门等），由事发线路运营管理单位的控制中心或线网指挥中心对口报送。做好**应急信息互通启动条件场景规划，统一乘客应急信息发布规范，建立应急公交接驳机制，建立抢修抢险联动机制**，互联互通城市轨道运营单位安保政策、安检标准与操作程序应一致，建立跨区域协商机制，促进各市安保工作同步展开。

可持续发展解决方案方面，积极建立“财政投资 + 站点综合开发 + 多种融资手段”模式，超前开展投融资规划，统筹考虑建设资金及运营补亏资金的解决途径。按照国家倡导的“多式衔接、立体开发、功能融合、节约集约”的原则，建立规划报批、土地使用、税费收取等方面的政策支持机制，对互联互通线路进行以公共交通为导向的开发（TOD），形成沿线土地综合开发收益对建设运营反哺机制。规范应用政府与社会资本合作（PPP）模式，择优采用银行贷款、银团贷款、企业债券等各类非金融企业债务融资工具，拓宽境外资本市场融资渠道，降低融资成本，优化债务结构。积极开展城市枢纽综合体、场站综合体规划，完善轨道交通站点周边土地功能，深入探索由过去单纯的城市轨道交通站点交通配合，向以站点为核心整合城市功能的枢纽综合体及地上和地下空间一体化利用的纵深发展。强化附属资源开发，持续拓展运营补亏来源。

政策解决方案方面，突破省城际轨道交通、各城市轨道交通等多个不同类别、不同主体的立项审批、建设管理、运营管理、经营管理、资产使用等政策约束。首先必须从政策机制上取得突破，超前研究提出区域轨道交通互联互通立项、建设、运营和经营管理方面的政策设计。同时，根据区域轨道交通的不同发展阶段，研究建立针对性的组织协同制度和机制，妥善解决跨市域轨道交通互联互通项目推进过程中出现的各类重大问题，统一湾区轨道交通运输的协同指挥、票务体系、信息交换、系统联运、联合建设和联合运输等规则，做好区域轨道交通线网规划、建设和运营。

广州地铁
Guangzhou Metro

第 3 章

以人为本

主动延伸服务价值

新时代城市轨道交通应以人为本，重视乘客出行体验，链接生活要素，通过更人性化、智能化的服务手段，实现对乘客出行全链条服务需求的主动感知以及精准分析，并围绕资讯、出行、增值等关键服务内容进行智能整合、提升，从被动、单一、迟滞的服务方式，全面转向主动、整合、及时的服务方式，发挥新时代城市轨道交通全方位的服务价值。城市轨道交通服务蓝图如图 3-1 所示。

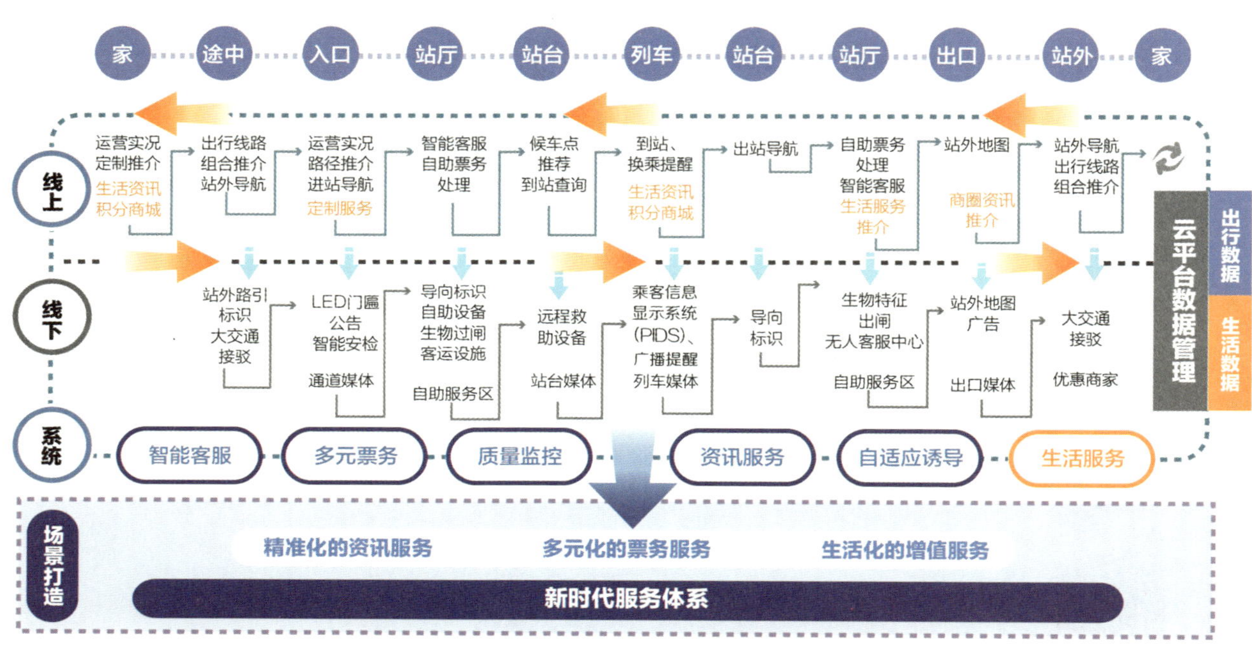

图 3-1　城市轨道交通服务蓝图

利用大数据分析技术，对乘客出行、生活数据进行采集、分析、处理，实现自检完善，清晰标签属性；通过智能客服、多元票务、服务质量监控、资讯服务、自适应诱导、生活服务等系统打造、构建新时代乘客出行服务体系，实现精准化的资讯服务、多元化的票务服务、生活化的增值服务。

未来，市民可在出行全链条过程中通过线上、线下多渠道获取及时、精准、丰富的运输场景服务，逐步实现从群体性服务向个体性服务的转变，从粗放型服务向精细化服务的改变。

3.1　精准化的资讯服务

随着“互联网 +”通信技术和互联网产品的不断更迭，乘客获取资讯的方式和习惯也悄然改变，新的客服载体不断衍生，使服务“触手可及”，不再受时间和空间的限制。通过对乘客出行大数据的挖掘，分析不同群体乘客的服务需求及个体属性定位，提供便捷、精准、贴心的服务。

一方面，打造全时服务平台。

搭建多元化、全维度的综合智能客服平台，使轨道交通咨询服务深度融入乘客线上、线下全方位的服务渠道，实现乘客—客服之间的快速、精准的服务响应，为乘客提供更为智能、精准的品质专项服务。构建“虚拟客服 + 人工客服”相辅的咨询服务响应平台，并在手机 App、微信、官网等线上网络平台以及车站自助客服中心、智能自助客服终端等线下服务设备上全面应用，拓展、丰富人工服务外的各项智能服务咨询。在车站建设快速客服响应服务机制，车站现场将逐步转向“无人化”服务值守模式，并可通过“一键式”快速通知车站管理人员根据乘客具体的现场求助内容，合理安排并快速到达乘客所在位置，开展“一对一”的精准响应服务。持续、有效监控线网服务质量，及时获取乘客服务意见，后台建立智能化线网服务质量监控系统，结合乘客数据分析，掌握乘客服务需求的趋势，为服务创新发展决策提供有效的数据支撑。乘客咨询响应示意如图 3-2 所示。

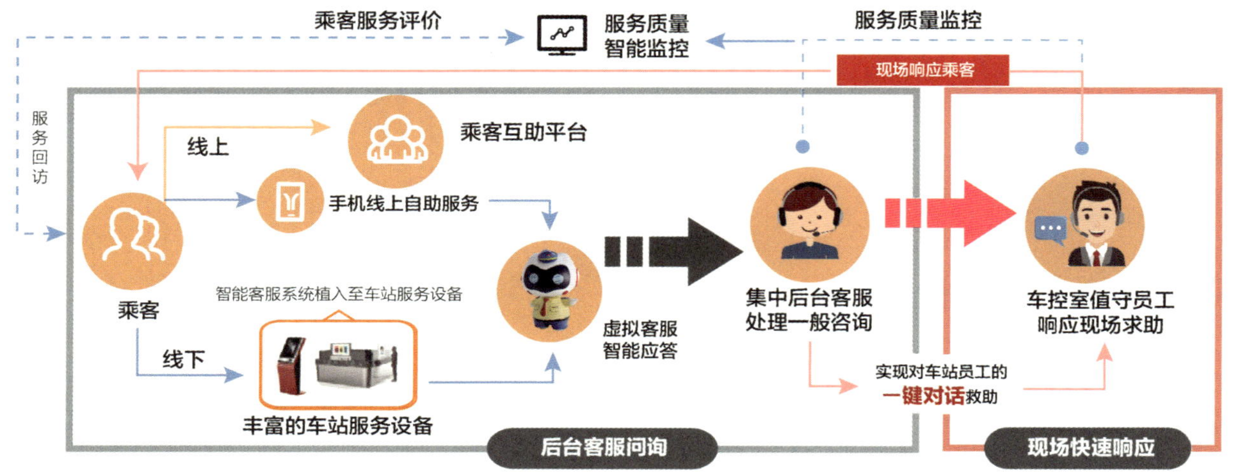

图 3-2　乘客咨询响应示意图

另一方面，提供主动资讯服务。

通过对乘客大数据分析技术，实现乘客出行属性、服务属性、安全属性、消费属性等精准分析，根据乘客不同阶段的属性特征，以及乘客出行的服务诉求及精准定位，**为乘客提供个性化的“主动式”线上信息推送**，实现对乘客全过程的服务关怀、安全提醒以及精准的增值服务推介。

分析乘客行程偏好，对车站布局、客运流线设计、运输组织等生成预警信息及运营建议；根据乘客群体、个体服务偏好和现场服务痛点、风险分析，对整体服务、个性服务、界面完善、乘车环境等生成优化建议；基于乘客行为习惯分析，生成相应安全预警信息；针对乘客消费习惯，生成相应的生活增值信息。通过精分乘客的服务需求，针对不同乘客实现信息个性化的服务。向日常乘客推送天气预报、通勤路径及预计时长、路径拥挤度、线路延误、车站预计候乘时间等信息，提供特殊时段事件信息推送、商圈活动或文化产品推介等；向旅游乘客推送城市轨道交通站点位置、客运站点分布、景点、天气预报等信息；向特殊乘客推送车站无障碍设施、爱心服务提醒等信息。乘客出行大数据分析示意如图 3-3 所示。

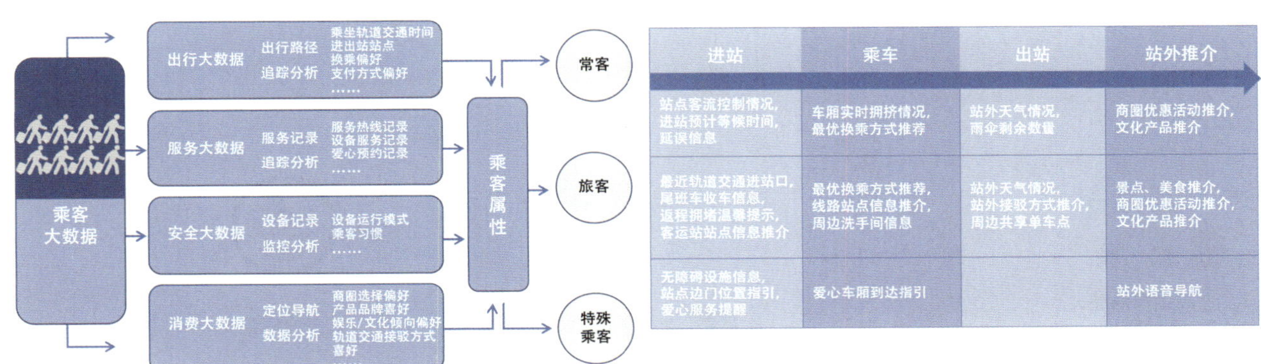

图 3-3　乘客出行大数据分析示意图

3.2　多元化的票务服务

为契合现代人“掌上生活”的习惯，广州地铁集团将以乘客的便捷出行为立足点，兼顾票务数据的深挖应用，建立多元、便捷、集成的票务系统。

体现在票务体系的多元便利上。

新时代城市轨道交通具备“多元支付手段 + 多元票种选择 + 多元购票方式”于一体的乘车支付系统，再通过引入生物特征无感过闸方式，响应乘客更便捷的过闸服务需求，实现多元支付方式与轨道交通出行的深度融合。生物特征无感过闸票务模式如图 3-4 所示。

体现在自助出行的灵活便捷上。

通过搭建线上、线下完善的自助票务处理渠道，乘客可灵活选择手机 App 或车站智能服务终端、自助客服中心等设备，自助办理异常票务处理、车程查询、支付核对等业务。

同步依托于后台支持的集成可靠。

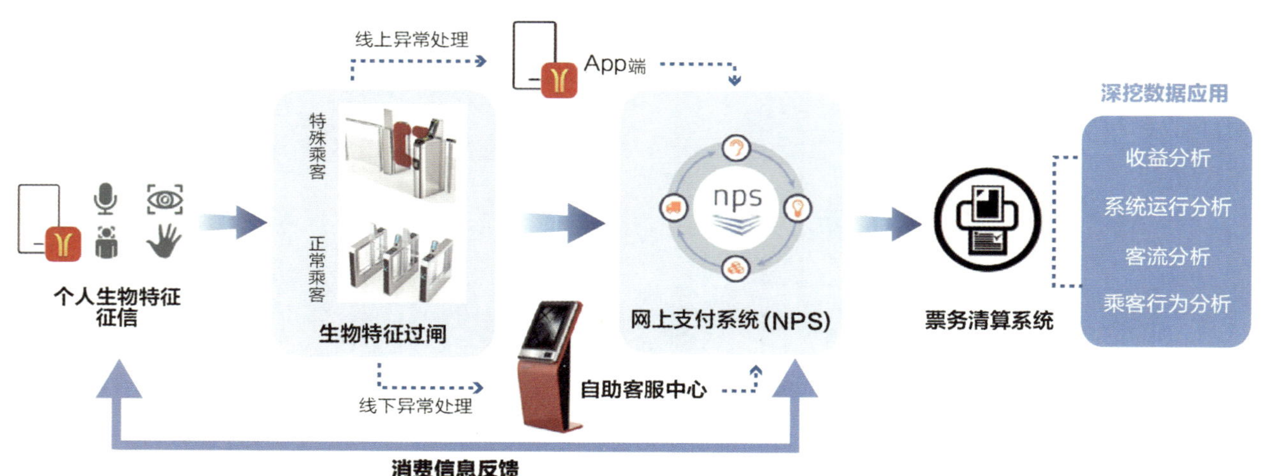

图 3-4　生物特征无感过闸票务模式

通过建设集成可靠后台，实现个体、整体的实时收益精准支付、对账、报警，与整体现金、非现金收益自动核对，提升票务管理效率，保障乘客良好的票务体验和整体收益安全。通过对收益数据、客流数据、系统运行、乘客行为等数据的深挖应用，支持乘客“画像”系统及内部系统运维、收益管控优化，完善新时代票务体系。

3.3　自适应的客运组织

通过深化数据分析应用，采集实时客流，精准预测研判，智能调整运力和启动客流控制，主动诱导乘客出行，将以往经验化、被动式的车站客运组织，转变为车站各客运设备、信息系统之间智能联控的车站客运联控模式。自适应客运体系示意如图 3-5 所示。

其一，是实现客流精准预测。

通过对客流特征的准确掌握和实时传递，建立全时序、多场景应用的网络客流预测与预警平台，实现年月日客流预测及未来 5min/15min/30min/60min 客流滚动预测和动态预警，支撑运营运输资源的合理配置及各线路运能的动态调整、自适应的客运组织和应急决策。同时，实现车站、列车客流的实时监测和预警，站台乘车的智能诱导和列车温度的自动调节，预见性调整客运组织，突发情况下应急决策及受影响客流重分布实时预测，快速调整列车运行秩序。

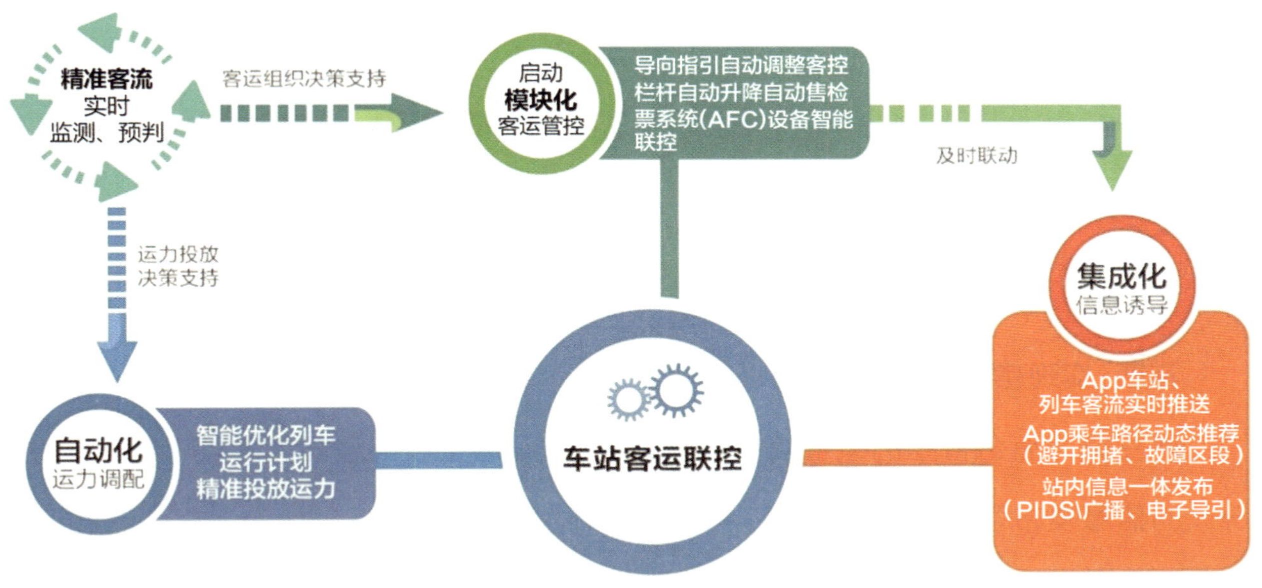

图 3-5　自适应客运体系示意图

其二，是实现供需联动匹配。

针对拥挤站段，结合线网运力和线路条件，采取不均衡运输、空车投放、大站多停等解决方案，实现运力精准投放。针对单站、单线、线网拥挤度，结合线网运力、车站容纳、设备能力等，启动车站、线段、区域、线网大客流预警，生成点、线、面的分梯度客运管控模式，提高客流管控的预见性、及时性、有效性和网络联动性。行车－客运自适应联动示意如图 3-6 所示。

其三，实现场景模式控制。

通过对客运设施的联动控制，实现针对不同客流控制模式，快速启动相应的客运设备设施联动，模式化匹配客流控制场景。

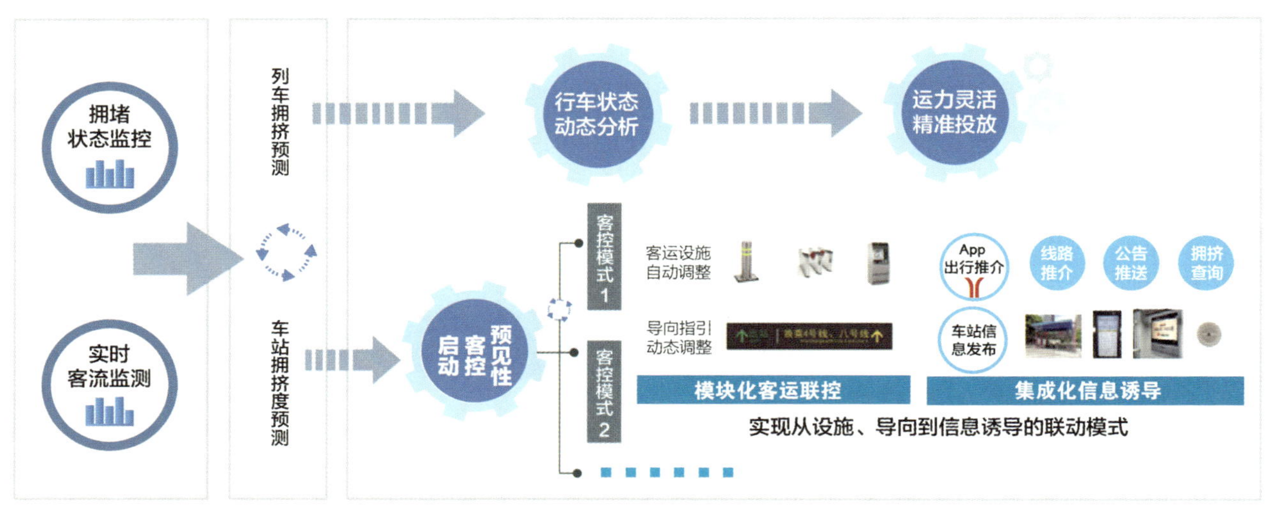

图 3-6 行车 – 客运自适应联动示意图

其四，实现信息动态诱导。

建立统一后台管理的乘客信息诱导模式，对乘客接收的各类信息渠道进行集中、统一的信息发布管理。结合车站不同的管控场景需求，可“一键切换”车站信息诱导模式，向乘客联动发布各场景下的出行诱导信息，使乘客及时掌握轨道交通运营情况，合理安排出行。乘客出行信息诱导示意如图 3-7 所示。

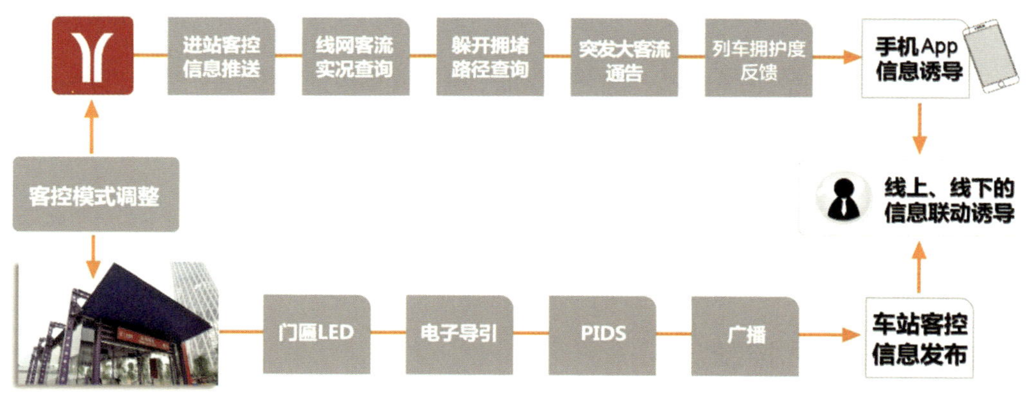

图 3-7 乘客出行信息诱导示意图

3.4　生活化的增值服务

新时代广州轨道交通将横向延展、深度融入乘客的生活当中，逐步构建基于轨道交通的生活服务圈，为乘客提供多元化的轨道交通定制化生活服务。梳理城市轨道交通脉络，联合多种周边交通，无缝衔接周边交通服务，打造出站即换乘、一站式交通到家的便捷体验；通过线上网络平台及线下经营活动，实现广告业务的精准推送，引入周边商业，设置无人商铺，构建“一站式”轨道交通核心商圈；引入同城快递、轨道交通物流、缴费代扣、线下充值、线上到线下（O2O）、即取服务等生活服务，形成城市轨道交通生活驿站，为乘客提供各项生活上的便利；通过手机 App 完成线上线路查询、景点门票购买、酒店预订等文化旅游拓展服务，为乘客提供手机游戏、电影、电子书册等丰富的泛娱乐项目；结合车站功能定位，设置关爱型母婴室、智能化卫生间等人性化便民设施，进一步提升车站服务水平。

广州地铁
Guangzhou Metro

科学高效

保障安全可靠运营

新时代广州轨道交通运营管理围绕以乘客出行为中心的服务本质、提高优质运营服务保障能力进行创新，通过物联网、云计算、大数据、人工智能等技术手段，改善传统运营形式下数据孤岛、信息离散、平台封闭、响应被动、决策失当等现状问题，综合增强运营管理的多态场景应用能力，满足数字化、网络化、智能化的运营品质要求，并与新时代乘客服务的需求相协调、与区域引领发展战略的定位相适应，不断适配线网发展需求，持续推动技术变革创新实践，全面构筑精准高效的运营管理体系。

4.1 精准灵活的运输组织

随着线网规模的不断扩张，客流呈快速增长的趋势，市民乘坐城市轨道交通出行已经成为“习惯”，对出行时间、换乘便捷性、运营服务时间等需求也日益提高。

未来，广州地铁集团将面临千公里以上的轨道交通网络运营，区域内城际、市域、城市轨道交通间也将实现互联互通和协同组织，基于精准的客流预测，通过实施“**灵活的运能配置、多样化的行车方式**”，将大大提高轨道交通出行的便捷性，全面提升网络化运营服务水平，满足人民对美好生活的需要。精准灵活的运输组织示意如图 4-1 所示。

灵活的运能配置将依托精准动态的客流预测及线路设计条件，通过行车间隔的实时调整、行车交路的动态调整、列车编组的灵活调整等手段，实现运力精准动态分配。

行车间隔可实时调整方面，通过实时自动评估列车和车站的拥挤状况，结合客流趋势预测，自动增加或减少上线列车，灵活调整行车间隔，实现基于客流的运能动态调整和精准投放。

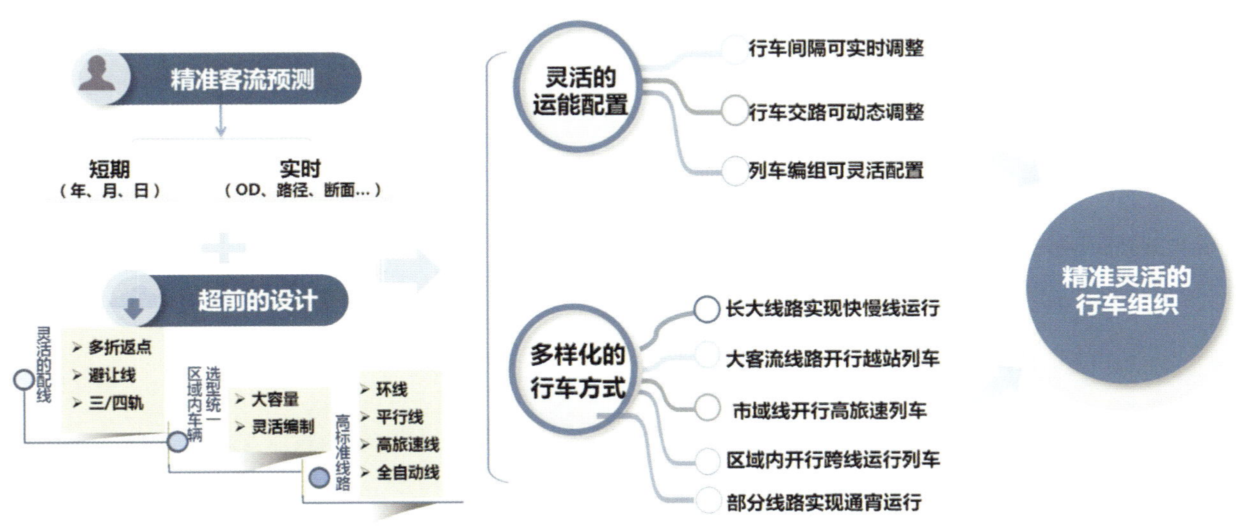

图 4-1　精准灵活的运输组织示意图

行车交路可动态调整方面，依托实时客流动态分布情况的预测，灵活采用不均衡运输、大小交路、“Y”形交路等方式自动调整列车运行交路，匹配客流需求，实现在不同时段采用不同的交路、同一时段多个交路混合运行的灵活交路设置。

列车编组可灵活配置方面，通过实现车辆具备快速编组和解编功能及关键行车设备具备自适应匹配列车编组联动功能。在运营时，可通过自动调整列车编组数量、动态调整运输能力，实现运力的精准动态分配。

多样化的行车方式主要通过采取长大线路快慢线运行，开行大客流线路越站列车、市域线高旅速列车开行、跨线列车运行，核心线路通宵运行等方式，提高轨道交通出行的便捷性。多样化行车组织方式示意如图 4-2 所示。

实现长大线路快慢线运行，需在线路设计时，合理设置避让线。在线路运营时，灵活实施快慢车运行，满足不同乘客的差异化出行需求。

实现大客流线路越站列车开行方式，需通过列车越站停车方式，提高运输效率，加快列车周转，达到“大站快车”的效果，以提高乘客的通达性。

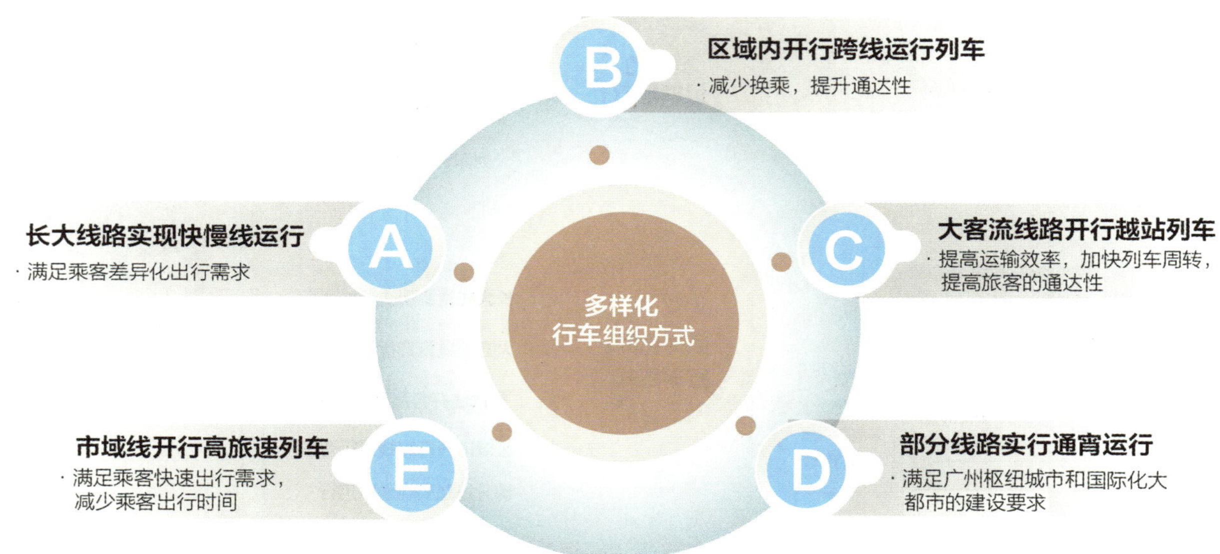

图 4-2　多样化行车组织方式示意图

实现市域线高旅速列车的开行，则主要考虑市域线路乘客快速出行的需求，按较高的旅行速度设计，做好列车选型和编组研究，减少乘客出行时间。

实现区域内跨线运行列车运行，满足区域间的互联互通，提高乘客出行直达性。运营时，根据预测乘客跨线出行的情况，组织部分或全部列车区域内跨线运行，减少换乘，提升通达性。

实现部分核心线路通宵运行，主要是满足广州枢纽城市和国际化大都市的建设要求。对于衔接交通枢纽线路，预留匹配通宵运营的条件，在未来实现通宵运营服务。

4.2　协同高效的调度指挥

随着线网规模的不断扩张和网络通达性的增强，为匹配多样化的客流需求，线网行车组织方式日益复杂，突发情况下对调度的快速应变要求越来越高，调度指挥亟须实现“**重点目标可视化、信息获取立体化、调度决策精准化**”等功能，在前端感知、中间网络传输、智能决策、多渠道信息报送等方面实现向智慧指挥调度的演进。新时代智慧调度指挥示意如图 4-3 所示。

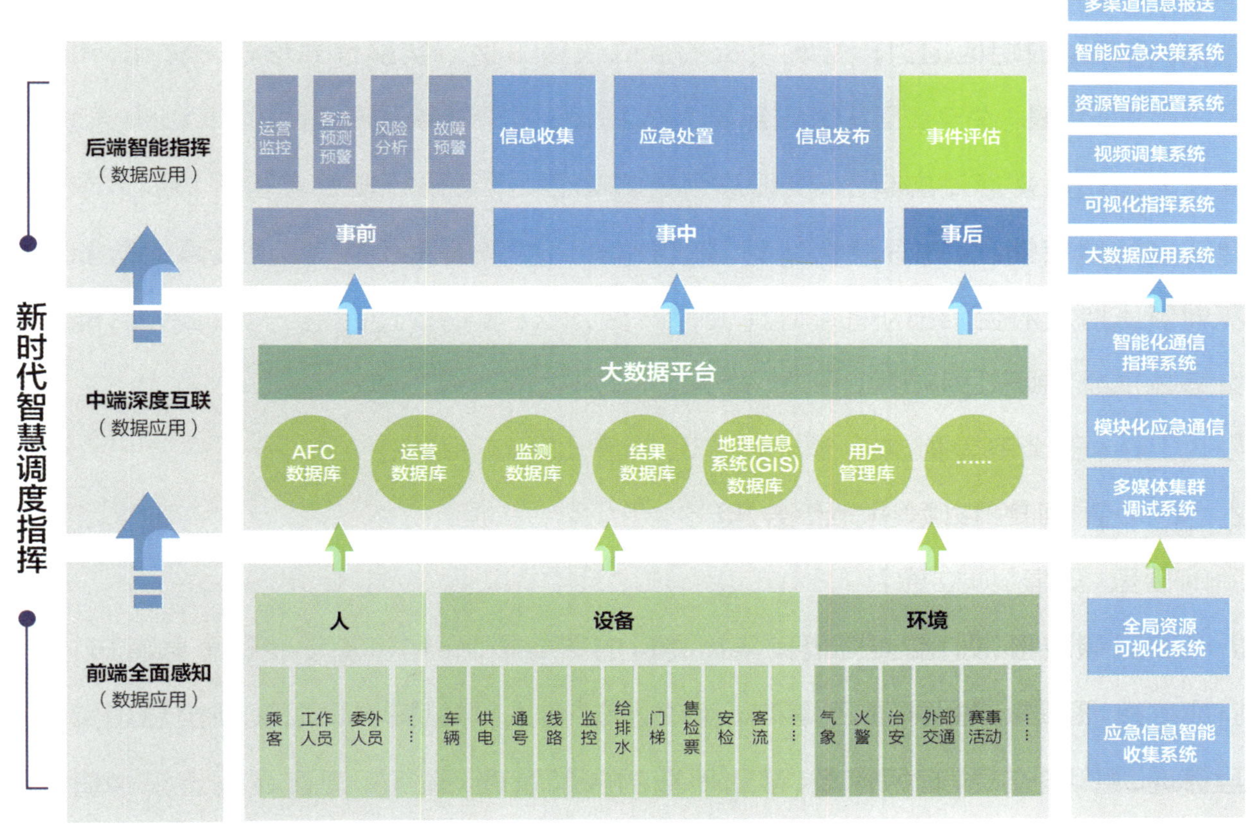

图 4-3　新时代智慧调度指挥示意图

从调度决策而言，必须实现“精准”。

具体而言，就是通过搭建线网各线路全局资源可视化系统，实时监控客流变化情况、列车运行情况和实时在线监测设备运行状态。构建信息智能收集系统，及时、准确获取现场信息，快速识别现场异常情况，实现快速发现和精准传递信息。建立多专业联合故障救援的综合调度指挥统。通过重点目标可视化、信息获取立体化、调度控制一体化等手段，实现“情况看得见”“指令听得着”“位置找得到”的可视化指挥调度。

从调度指挥而言，必须实现“高效”。

具体而言，就是**实现通信指挥全融合**，通过多媒体融合调度、移动通信指挥，实现线网应急处置联络的安全、可靠、通畅，保障在应急情况下能够顺利开展调度指挥工作，实现现场情况的实时反馈和决策指令的快速下达。**实现信息报送一体化**，通过开发一体式信息报送系统，以线网平台为依托，增强与外单位的信息共享和协调联动，实现城市轨道交通动态运作、突发事件协调处置、乘客出行友好体验等功能需求。**实现调度处置智能化**，充分融合运营基础数据、调度处置案例等，实现故障的智能接警及判断，动态生成优化的处置流程管控方案；对调度指挥过程进行实时追踪，能实时纠偏并生成后续指挥方案。

4.3 全景管控的车站管理

新时代城市轨道交通应借助各类先进的智能技术，构建基于设备全息感知、系统集成联控、终端移动操控的高度自运转的全时全景车站管理模式，实现**全息感知的安全管理、灵活适配的服务管理、移动便捷的内部管理**，最终实现区域站点集中值守和远郊车站无人值守的管理模式，摆脱以往定时、定点、定岗的管理运作痛点，将车站管理模式从固定化、单站化向移动化、区域化转变。

全息感知的安全管理将实现车站内部、外部“人、机、环”所有人员情况、设备设施的全方位动态感知、智能分析预判，实现车站安全全景监控、预警、处理及策略生成。

在人员行为监控方面，实现车站及列车内乘客行为全方位的智能监控，通过视频识别、智慧检查等监控车站、列车各区域乘客行为，能立即识别危险信息并发送至车站、控制中心及关键人员的监控界面进行报警，联动相应设备模式切换。

在设备安全监管方面，实现站内外各类机电设备及房建设施等状态全时监控及报警，发现异常情况能够自动启动自修或切换后备运行措施，联动各方处理。

在施工安全监管方面，通过自动辨识施工人员及与其对应的施工时间、施工区域、配合人员、施工条件、施工防护“工 / 场内作业状态等”，施工过程中自动检测端墙门、防护设置、设备状态、施工限界等安全状态，实现异常情况报警，联动现场、远程及时处理。

在环境安全监测方面，实现对外部侵入及恶劣天气情况能够即时识别并触发报警，推送至车站、控制中心监控界面，联动相应设备应急模式，并对站内环境进行监测，实现异常状况自动报警及数据信息推送，联动设备及人员及时处理。

灵活适配的服务管理将促使新时代城市轨道交通的服务管理由传统的固定、被动式人员服务响应，向主动感知、适配调整的人员与设备相辅相融的服务响应模式转变。

具体而言，就是要**设置适应需求的自助服务终端**，实现自助购票、异常事务办理、发票开具等票务功能，咨询、建议、预约、投诉等交互功能，以及运营各类乘车资讯信息查询。**建立自适应的环控监测体系**，实现环境参数的实时监测和自动调节。**推行电子导向指引**，根据正常、大客流、应急等需求场景，联动触发相应的导向指引模式。**搭建客流实时监测与仿真系统**，通过车站全方位实时客流监测和精准预测，生成仿真流线，实现冲突及拥堵点的检测、识别和报警，触发相应的流线优化模式，缓解客流交叉及局部拥挤等情况，联动站内广播、电子导向、乘客信息显示系统（PIDS）、客运设施及 App 等。**实施线网客流拥堵精准诱导**，通过实时客流数据监测、分析，生成线网状态实况，实时通过线上、线下终端发布，结合乘客定位引导乘客调整行走路径，向乘客推送拥堵信息及优化行程路径推荐。

移动便捷的内部管理将使新时代城市轨道交通摆脱传统车站运作模式，实现移动化、区域化管理。

通过引入系统化、集成化等技术手段，构建集成化设备管理模式，实现站内各类设备系统的数据交互、智能分析以及联动运作，届时车站可通过一体化的设备管控平台预设不同的设备管控模式，并根据现场运作需求一键调整设备运作状态或功能，提升整体运作效率。

实现区域中心化管理。可由一个车站对所辖区域各站，或由控制中心对所选线段各站进行远程监控及设备操作，节约人力投入，实现区域值守、无人值守运作模式。

实现站务移动化运作。车站为站务员工配备移动工作终端，实现车站运作事务移动办理。员工可通过移动终端开展远程视频监控、远程服务求助响应、远程设备开关、设备状态检测及报警接收、应急指令接收、移动票务处理、广播系统操作等工作。

实现设备智能联控。车站实现自动开关功能，开站节点时，唤醒各类服务设备设施并检测运行状态；关站节点时，通过摄像头监控分析车站乘客逗留情况，调整站内环控、售检票、扶梯等设备设施状态。

实现车站自动化巡视。通过站内全方位的视频监控以及智能分析，实现车站视频覆盖范围内全时、全景的自动监测、报警功能。

实现门禁智能化管理。通过生物特征识别，授权人员可在允许时段进入指定区域，自动记录进入、离开时间及地点，并对强制侵入和超时滞留情况进行报警。

4.4 体系迭代的智能运维

针对传统运维中存在数据孤岛、信息离散、平台封闭、被动响应等问题，**全面**

构建基于状态感知及维修全过程数据的精准维护维修模式，结合设备设施全寿命周期健康管理体系，实现面向线网运营场景需求的智能决策，达成体系迭代的智能运维。

智能运维以设备设施精准维护维修为导向，结合大数据、物联网、云计算、人工智能等技术手段，进行运维体系变革，从人员、设备、物料、检修、隐患、故障、分析、决策等方面实现面向多对象的主动型全域感知、电子化规范流程及场景化决策控制，促进运维精准高效，提升前台维保、后台维修及资源调配的衔接能力，以及网络化运营下设备设施健康管理水平。

为适配乘客出行需要，智能运维采取**以功能定类别**的原则，面向结构、运输、交互、配套的功能表征，对运维的多个专业分类如下：

基础结构类包括隧道、桥梁、车站结构，凸显场景需要。

行车运输类包括车辆、信号、供电、轨道线路、屏蔽门，凸显运输需要。

信息交互类包括通信、自动化、安检、AFC、PIDS，凸显交互需要。

车站设施类包括低压配电、电扶梯、环控、给排水，凸显设施需要。

基于乘客出行链需求的专业聚类如图 4-4 所示。

为解决各类运维专业在不同发展阶段呈现的共性及个性化需求表征，避免系统平台重复建设及资源浪费，满足部分专业特定化应用需求，新时代广州轨道交通将完善以下措施。

推进设备自主运维、人机运维的多式联动。契合乘客出行需要的设备设施运维能力支撑，集成设备实时感知、在线监测、故障预警、状态甄别、大数据分析、策略生成的自动运维新模式，综合构建全面感知、响应交互、主动介入、决策定制的智能运维。智能运维场景体系如图 4-5 所示。

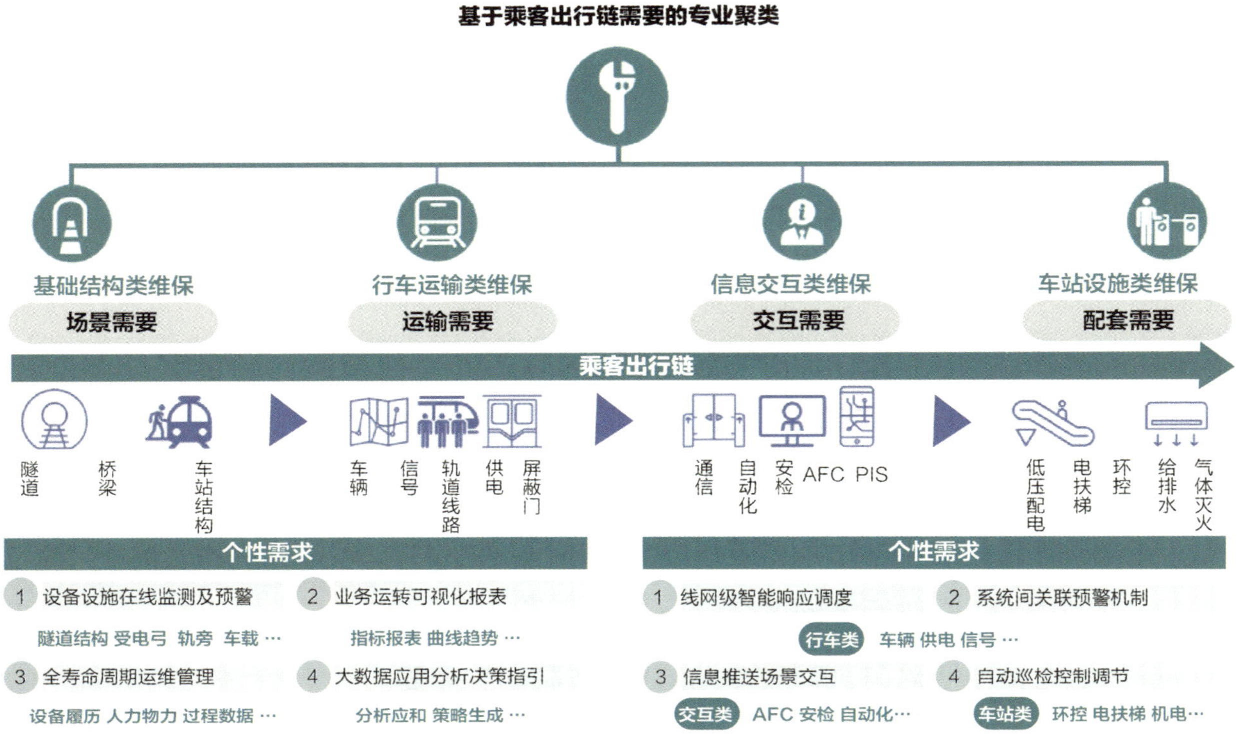

基于乘客出行链需要的专业聚类

基础结构类维保
场景需要
行车运输类维保
运输需要
信息交互类维保
交互需要
车站设施类维保
配套需要

乘客出行链

隧道 桥梁 车站结构
车辆 信号 轨道线路 供电 屏蔽门
通信 自动化 安检 AFC PIS
低压配电 电扶梯 环控 给排水 气体灭火

个性需求

1 设备设施在线监测及预警
隧道结构 受电弓 轨旁 车载 …
2 业务运转可视化报表
指标报表 曲线趋势 …
3 全寿命周期运维管理
设备履历 人力物力 过程数据 …
4 大数据应用分析决策指引
分析应和 策略生成 …

个性需求

1 线网级智能响应调度
2 系统间关联预警机制
行车类 车辆 供电 信号 …
3 信息推送场景交互
交互类 AFC 安检 自动化…
4 自动巡检控制调节
车站类 环控 电扶梯 机电…

图 4-4 基于乘客出行链需求的专业聚类示意图

图 4-5 智能运维场景体系

完善以全寿命周期健康管理为主，多种运维技术理论并存的管理联动机制。围绕基于可靠性的设备设施全寿命周期的健康管理体系，实现前台、后台、仓储共建互联，打造设计阶段可靠性分配、建设阶段可靠性实现与验证、运营阶段可靠性保持与提升的闭环联动模式，形成以可靠性为基准的常态化评价与反馈机制。

健全数字化构建、组件化分析、信息化交互、策略化适配的模式体系。基于全过程信息化的深度构建，增强人、机、物、技术、平台的多元融合关系，以数据驱动运维认识，达到人机无缝协同、物资流转高效适配、资源最大复用，为满足未来运维场景多样化需求奠定模式基础。

围绕场景需求、方法技术以及设备的智能化程度，智能运维发展历程可分为传统运维、自动化运维、敏捷型运维及智能运维 4 个阶段，如图 4-6 所示。

传统运维	自动化运维	敏捷型运维	智能运维
运维以人为主导，设备设施检测能力不足，运维模式以主观经验修、故障修存在，因个人经验层次不齐，被动运维特征明显，同时为确保设备可靠性，人力投放成本占比较大	日常维护中具备显著重复、有规可循的内容项目由自动化程序系统介入监管，在符合一定条件的运转前提，较大降低人工误操作风险、减少人工成本，然而具业务程度覆盖面不大，甚至常态化需要人工届时干预调校实现自动化运转	是应用与设计间的闭环交互，由于自动化设备的普及，检测技术的提升，具体浅层交互的网络化系统以综合平台的方式实现某类问题的决策判断，使运营经验逐步向设计需要转移，实现运营团队与设计团队之间更具协作性、更高效的联动关系	平台融入智能技术，不但提高了传统人机运维经验的获取效率，且因资源的集成和逻辑认识的提升、协同指引，集架构、系统、应用、管理及优化组合为一体，使智慧运具备感知、传输、分析、决策的综合智能能力，对运维过程中人、机、物的匹配及复用做出指引决策
人-物	人 - 机 - 物	人 - 机 - 物 - 平台	人 - 机 - 物 - 平台 - 智能技术

图 4-6　智能运维发展阶段要点

前三个运维阶段普遍以单一甚至组合的方式存在于运维场景，随着粗放模式的转变和人工智能的技术发展，设备运维整体有了自学习、引导决策的概念，实现更高维度的设备群智慧运维。此阶段体现了**“人”“机”“物”“平台”及“智能技术”的协同关系**。平台融入智能技术不但提高了传统人机运维经验的获取效率，且因资源的集成和逻辑认识的提升，对运维过程中"人""机""物"的匹配及复用做出指引决策。

新时代城市轨道交通智能运维的体系主要由需求、感知、网络、数据、技术、决策6个方面组成。智能运维架构如图4-7所示。

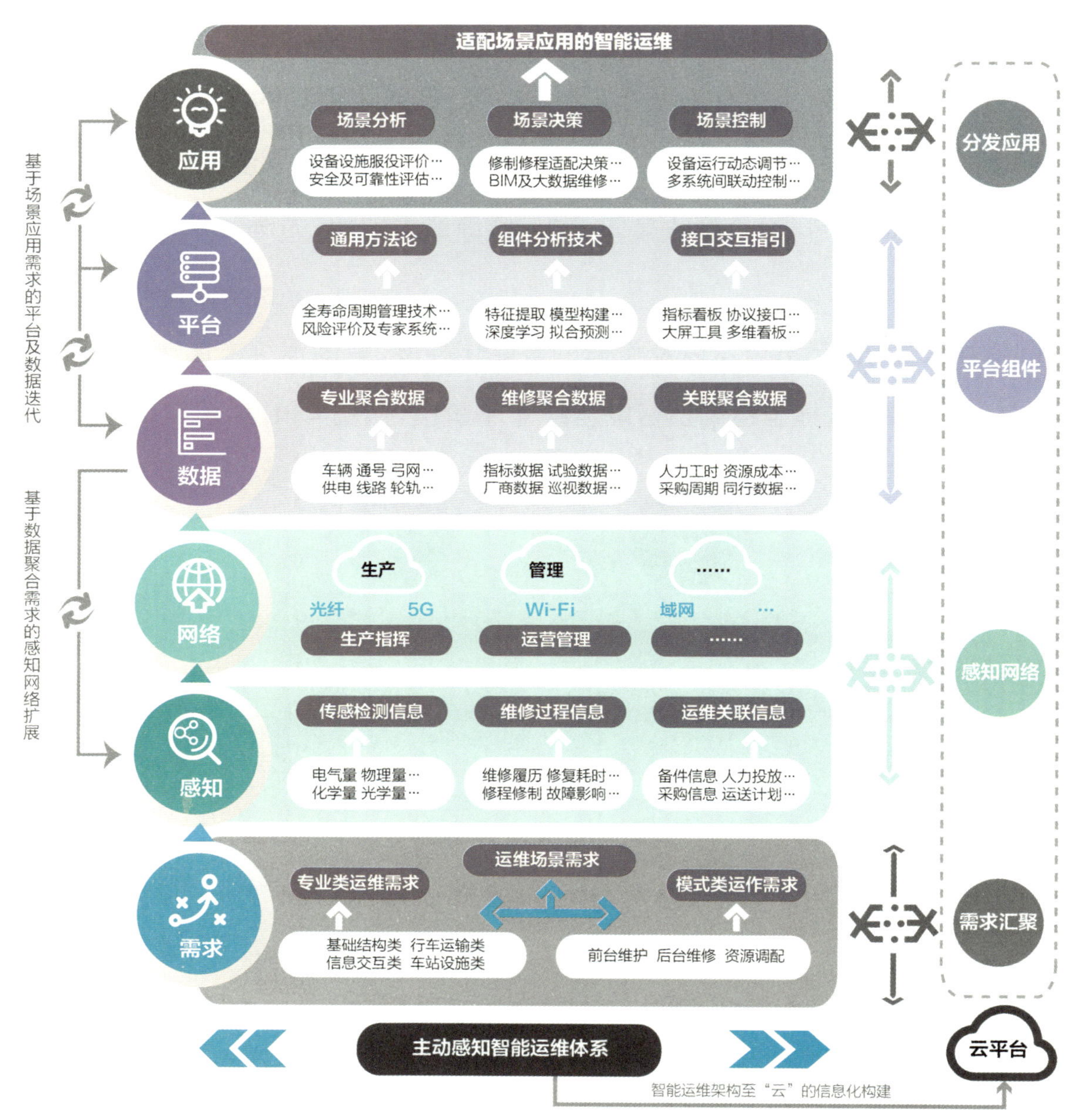

图4-7　智能运维架构图

需求是源头，通过面向专业对象、业务模式的需求汇聚，实现需求至感知层的畅通流转，满足体系功能的业务需求输入。**感知**是基础，通过传感采集形成数据源头，实现对象的原始信息获取。**网络**是途径，通过网络的全方位覆盖，促进数据（原始、过程、感知）充分流动及互联互通。**数据**是中枢，通过运维全过程的感知、采集、边缘处理、融合，实现基于数据驱动的系统性智能基础。**技术**是工具，围绕专业、领域等背景范畴对具体业务细项化展开方法论的构建及智能技术的应用，实现基于技术驱动的系统性智能分析。**决策**是应用，适配各类运营场景的策略生成能力，具备自学习、演进的逻辑能力，实现智能运维的业务成果指引及输出。

4.5　集成一体的安防应急

新时代城市轨道交通在为乘客带来便捷、节能、环保出行方式的同时，安全应急将面向车站、列车、车辆段、外部区域及线网，涵盖安检、设备设施、客运、外部环境、综治、行车、消防、施工、票务、应急等多项模块业务，运用智能监测、即时预警、态势研判、信息交互等技术手段，共同构建**一体化安检、集成式安全、网络化应急**的模式机制，形成集约高效、全域立体的安全管控，确保线网运营安全。

一体化安检将重点实现“一站式、智能化、无感化”的安检服务。

随着城市轨道交通的发展，安检模式逐步从“人过门、物过机”向“人物同检”的“无感安检”转变，实现“一站式、无感化”安检，提升乘客通行体验及地铁线网大客流通行能力。同时，将区域化安检设备向网络化集成模式转变，突破传统人工安检模式功能单一、设备离线、人力分散、人工判图、人物分检等业务瓶颈，向空间节约化、功能网络化、判图智能化、乘客识别精准化、安检无感化的出行模式发展，构建“一站式、智能化”安检服务。综合安全防范体系示意如图 4-8 所示。

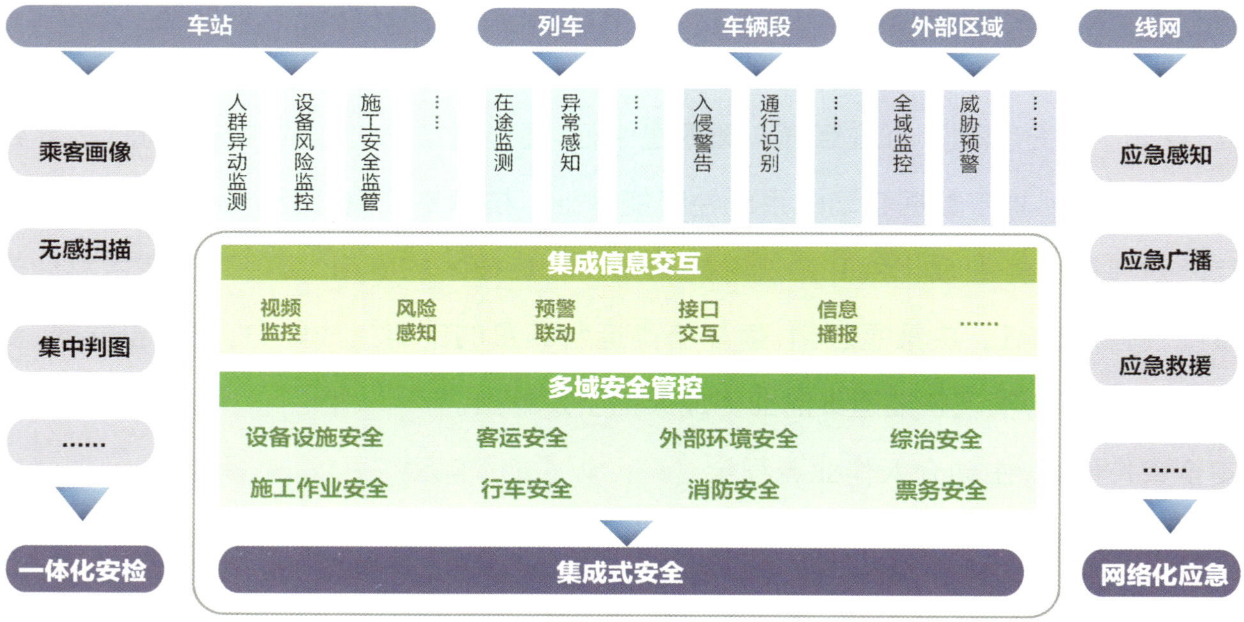

车站 列车 车辆段 外部区域 线网

人群异动监测 设备风险监控 施工安全监管 …… 在途监测 异常感知 …… 入侵警告 通行识别 …… 全域监控 威胁预警 ……

乘客画像 无感扫描 集中判图 …… 一体化安检

集成信息交互：视频监控 风险感知 预警联动 接口交互 信息播报 ……

多域安全管控：设备设施安全 客运安全 外部环境安全 综治安全 施工作业安全 行车安全 消防安全 票务安全

集成式安全

应急感知 应急广播 应急救援 …… 网络化应急

图 4-8　综合安全防范体系示意图

集成式安全将重点面向车站、车辆、段场、户外 4 大区域，形成高度集成化的安全体系。

围绕设备设施、客运、外部环境、施工作业、消防、综治等多域安全业务，充分运用设备监测、视频监控、异常预警、风险评估及态势分析等集成信息交互能力，形成有机联动公安协同、应急疏散、救援指挥等处置机制，提升安全保障能力，形成高度集成化的安全体系。具体包括以下 9 个方面：

全要素监控的设备设施安全。能对行车期间存在的人、物侵界及行车关联环境（接触网、线路、隧道）等异常情况进行监控及分析，根据判定的事件等级与车辆系统联动。能对车辆、通信、信号、供电、轨道、扶梯、屏蔽门、环控等关键设备进行监控、风险监测及设备状态评估，异常预警时可提前介入防范设备风险。

自适应调整的客运安全。具备大客流情况下人群聚集的危险度分析，自适应启动多层级客流控制及多信息交互下的乘客出行引导，具备扶梯、屏蔽门、站台、站内有限空间等关键区域的风险识别能力。

全面感知的外部环境安全。面向轨道交通设备环境安全防控，具备关键设备及重要部件警示报警能力。具备温度、有害气体监测能力，全方位监测车站出入口、风亭、设备区疏散口等与地面连接的地方和站内区域，联动温度检测、视频监控及通风装置等关联系统进行综合分析研判。

实况联动的施工作业安全。具备段场和基地维护、车站和区间维修作业的过程安全管控能力，主动介入作业流程全过程闭环管控，满足人员作业中各类安全保障措施防护、视频实况联动监控、信息提示播放等功能。

智能化的消防安全。基于火灾防控“自动化”、灭火救援指挥“智能化”的消防安全需求，实施车站系统联动及智能防控。

全方位的综治安全。满足外部通行人员自适应识别及线网授权管控能力，联动车辆智能识别、人行通道门禁、访客视频验证、线网登记授权等业务流程，实现段场及基地周界自适应安防管控。针对轨道交通户外全域设备，采取机巡为主、人巡为辅的立体式混合模式，联动轨道交通沿线全域信息，自动识别钻探、打桩、堆载等外部施工行为，主动构建威胁感知、异常检测、风险评估及态势研判的流程机制。

全覆盖智能视频监控。对公共区、设备区、出入口、轨行区、车厢、段场边界等区域重点覆盖，实现全线网实时视频监控和事后检索追溯功能。结合各类前端监测信息及后端智能分析技术，加强关键区域人员入侵监测预警、特征人员轨迹追踪及公安通缉人员信息库的联动比对等功能；具备无人化的前端视频感知、远程监控的日常安防巡视功能，满足无人化值守需求。

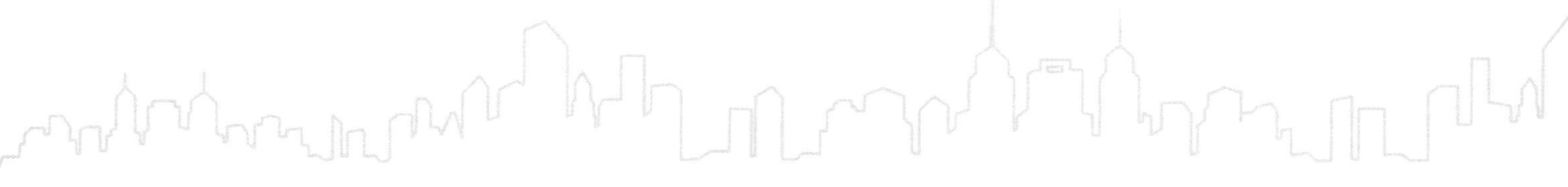

风险感知联动预警。 建立统一评价标准的预警指标机制，对前端采集信息进行综合分析及风险研判，为轨道交通应急预案的编制及预警信息的发布提供科学指导依据。

多向信息传导交互。 具备丰富功能接口扩展能力，满足数据采集与监视控制系统（SCADA）、环控、屏蔽门、消防、安防、公安报警、图像分析、公共安全应急指挥等业务系统的信息联动交换。

网络化应急重点关注应急状态监测与联动处置机制的创新。

实现应急监测预警。 通过构建涵盖事前预警、事中处置与事后调查的服务型智能应急监测预警平台，并基于实时监测预警信息开展智能预警分析，实现突发事件风险自动研判与分级预警处置。

实现应急高效联动。 通过集成轨道交通各种场景应急处置预案数据库、站点设备设施的基本情况、灾害信息报告等功能，满足灾情智能化、资源信息全局化和应急处置精准化，为轨道交通公司初期救援人员提供强有力的现场指导。

第5章

技术创新

建设智慧城市轨道交通

在互联网+、物联网、大数据、云计算等科技不断发展的背景下，城市轨道交通数据的爆发式增长需要新的数据管理工具。新时代城市轨道交通应以用户为中心，以新一代人工智能技术为核心，以乘客和设备为对象，搭建数据驱动的新时代先进城市轨道交通信息集成系统的架构体系，满足政府、企业、社会、乘客等对城市轨道交通的多元化需求。技术路线示意如图 5-1 所示。

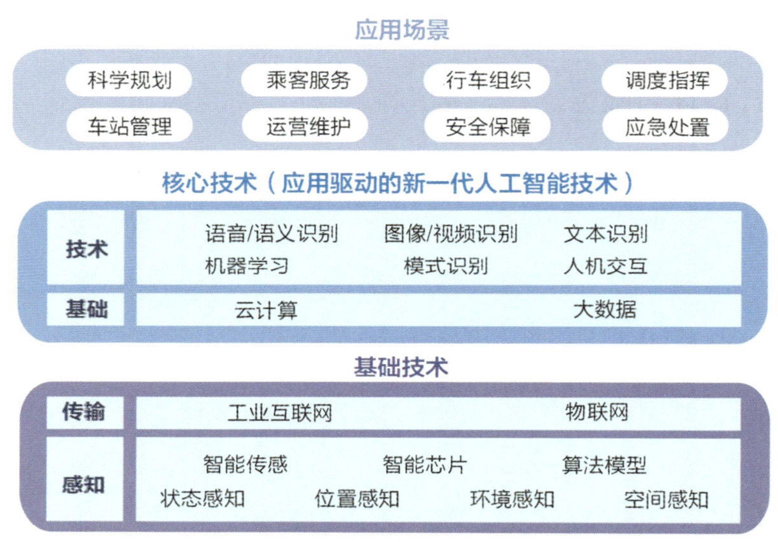

图 5-1　技术路线示意图

5.1　城市轨道交通智能运行系统技术

广泛运用物联网、大数据、云计算、人工智能等新兴技术，采用具备弹性调度、故障自愈、无感升级特质的容器、微服务等先进开发方式，**构建城市轨道交通的数据中台、技术中台、业务中台，搭建信息化和工业自动化深度融合、面向服务的一体化城市**

轨道交通智能运行系统，驱动轨道交通技术、经验、知识的模型化、标准化、软件化、复用化，不断优化资源配置效率，实现业务和组织的弹性伸缩，打破目前轨道交通各专业系统封闭、隔离、固化、信息孤岛化而导致的升级困难、管理瓶颈突出的现状，为大湾区轨道交通提供高效、智能化的运营服务，形成可快速迭代、资源富集、多方参与、合作共赢、协同演进的轨道交通“用、学、研、产”的工业互联网信息新生态。

城市轨道交通智能运行系统的定位体现在：

本系统将采用开放、融合、灵动的新一代信息技术构建而成，是新时代城市轨道交通的智慧大脑，也是大湾区智慧城市、数字生态的有机组成部分，全面支撑新时代城市轨道交通各项业务、管理与服务。并融合智能感知、现代通信（5G）、云计算、大数据、人工智能等技术应用，实现新时代城市轨道交通从数据采集、数据融合、数据分析到场景控制的数字化智能化管理，搭建可迭代、具有持续优化能力的开放信息技术架构，形成轨道交通工业互联网信息新生态，以适应轨道交通行业快速发展的需求。城市轨道交通智能运行系统功能定位示意如图 5-2 所示。

城市轨道交通智能运行系统的搭建目标体现在以下 6 个方面。

一是构建安全可靠的运行平台。通过共享资源池的方式统一管理资源，提供弹性供给和高可靠的应用运行环境，满足应用和高并发用户访问需求。

二是构建持续迭代的开发平台。通过开放的、标准化的开发架构，给轨道交通各专业和业务运行提供持续迭代应用开发能力和开发生态圈，满足未来对业务变化快速响应。

三是构建融合发展的数据平台。通过融合各专业及各业务数据，提供快速灵活的数据分析应用扩展能力及精准的业务服务，解决海量数据的采集、处理及应用分析挖掘，形成持续的数据整合与应用能力，以完整数据驱动新时代轨道交通业务优化。

四是构建协同的行业技术组件库。汇聚协同统一的交通行业通用技术组件和通用人工智能（AI）技术组件，为上层业务应用提供基于行业技术组件库、快速拼装业务能力，提高应用开发的交付速度。

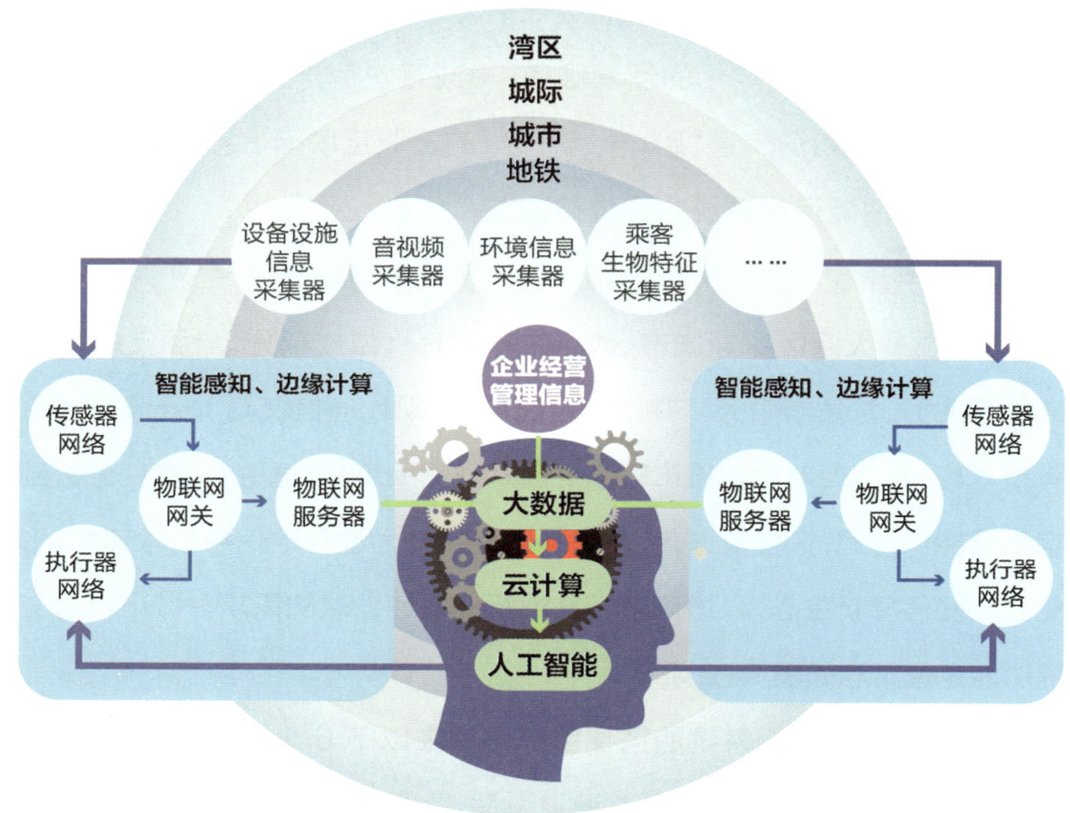

图 5-2　城市轨道交通智能运行系统功能定位示意图

五是构建便捷泛在的网络环境。通过有线与无线连接方式，实现感知层设备至车站系统、车站至控制中心、控制中心至线网的数据传送和交换，为新时代轨道交通提供泛在、随需和极简且更为灵活的网络环境。

六是构建安全绿色的基础设施环境。基于虚拟化、分布式存储、并行计算、负载调度等技术设置统一的基础设施资源池，为新时代轨道交通各类业务提供弹性调度、按需分配的基础架构资源服务。

城市轨道交通智能运行系统主要由 6 个层面、2 大体系组成，实现对生产调度、内部管理、对外服务业务应用的全面支撑，如图 5-3 所示。

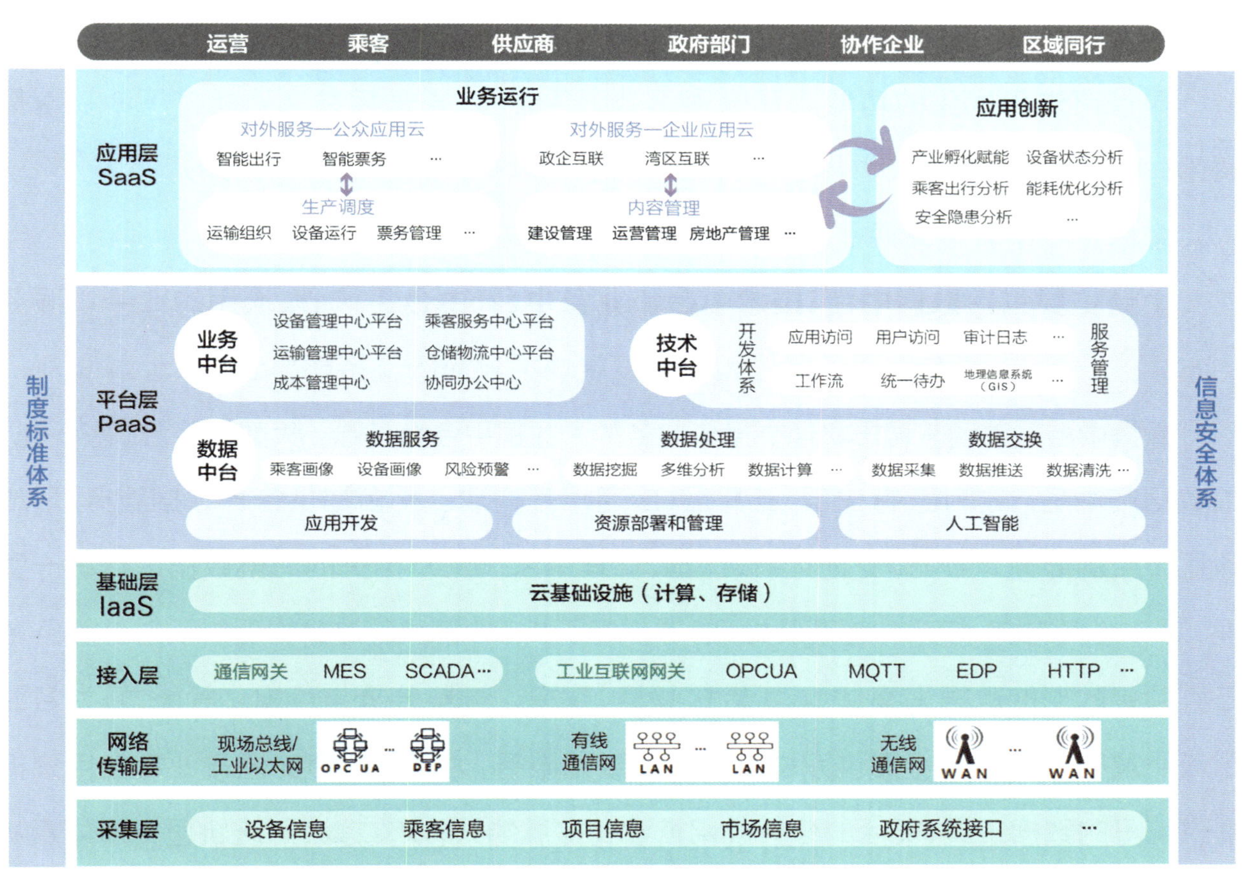

图 5-3　新时代城市轨道交通智能运行体系设计架构

其技术架构主要是以云为核心，通过网的按需连接，实现对海量终端、资源、数据和主体的汇聚集成与优化配置，最终解决多类设备接入、多源数据集成、海量数据管理与处理、数据建模分析、业务应用创新与集成、知识积累迭代实现等一系列问题。期间，为满足大湾区综合轨道交通体系高速发展的需求，系统应具备如下特点：

具备开放和可迭代的特点。可将技术和业务能力沉淀，具备对业务变化及创新的快速响应能力，对于应用开发、应用管理、打破应用竖井和业务壁垒有着深远影响。

具备资源和数据共享的特点。提供应用功能资源池和数据资源池，能为各专业应用系统提供功能与数据的贡献和分享能力，可减少应用系统的重复功能开发，同时提供综合分析和展现能力。

具备可迭代优化的功能。系统采用微服务架构，未来其共享功能将不断被重复调用，各类关联业务系统也将不断优化和完善，需具备可迭代优化的能力。

中台是城市轨道交通智能运行系统体系架构中最核心的部分。

中台主要包括**数据中台、技术中台和业务中台**，中台将核心、通用的业务以服务的方式进行沉淀，具有对业务变化和创新发展快速响应的支持能力。

数据中台是以涵盖城市轨道交通全业务的大数据平台为基础。大数据平台（图 5-4）由数据产生层、交换层、存储层、工具层、应用层等构成。平台提供各种数据服务，形成数据中台的能力，将轨道交通运行、运营、管理等所产生及相关的海量数据进行统一管理，提供数据的统一存储、管理及处理，提供基于生产调度域、内部管理域及对外服务域三大领域数据的数据采集、过滤、清洗、检索、建模、挖掘、分析与可视化等能力，为各业务应用及智能设备运行提供完整与准确的数据服务，为城市轨道交通各业务应用分析提供统一的数据工具、灵活的分析应用搭建和扩展能力，以支撑大湾区轨道交通体系从智能规划、智能建造到智能客服、智能运维和智能调度管理一体化发展。

数据中台的能力主要包括数据交换、数据处理及数据服务 3 个方面，如图 5-5 所示。

数据交换功能，应能实现各生产设备全生命周期的各类要素数据采集、数据推算及数据加工。

数据处理功能，是通过构建内外部的算法工厂和模型工厂，实现数据从基础计算到深度挖掘的所有能力，如各种数据算法模型、多维分析、机器学习等能力。

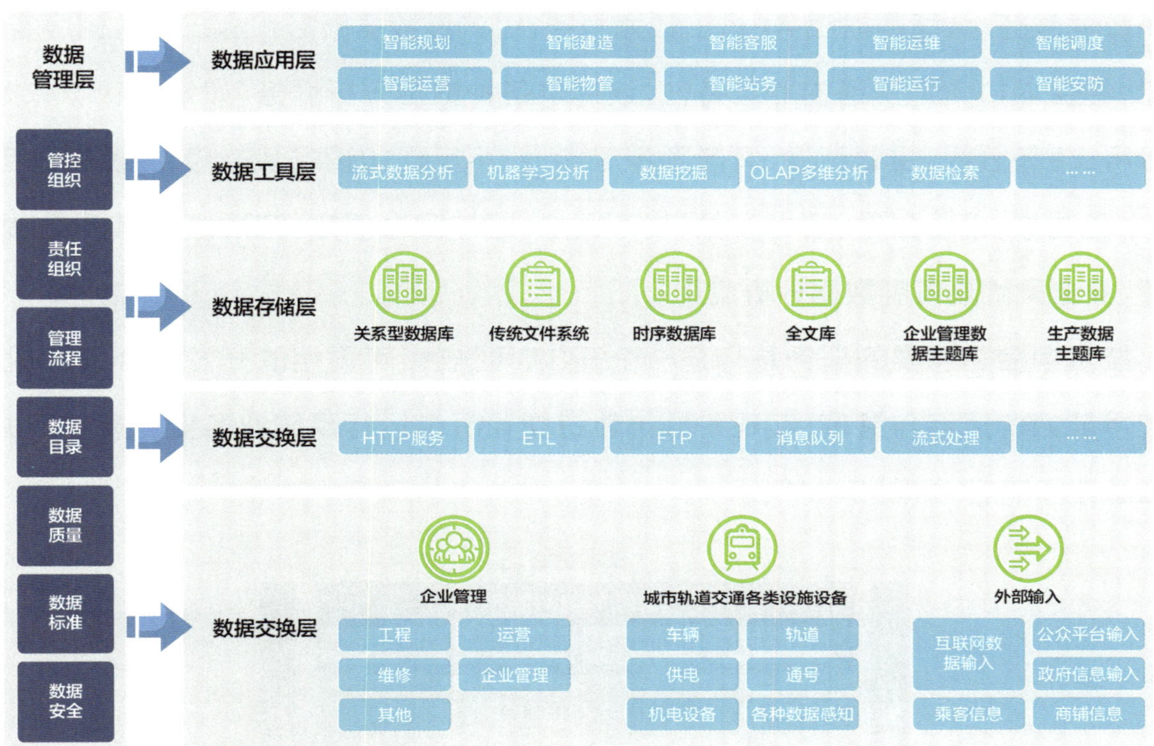

图 5-4　大数据平台总体架构图

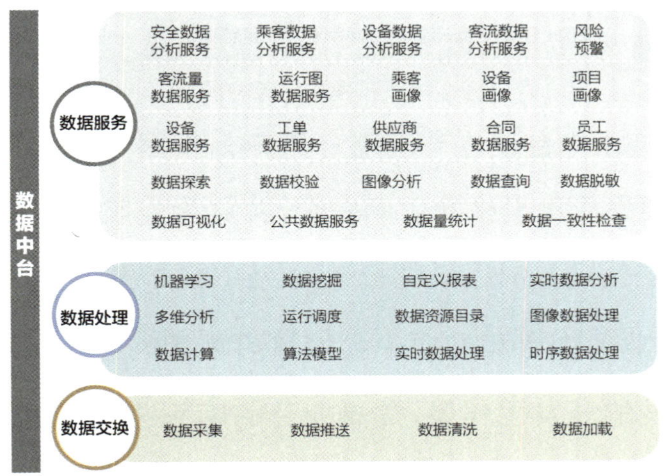

图 5-5　数据中台架构图

数据服务功能，除提供基础的可视化服务、数据校验、数据探索、一致性检查等数据服务之外，还提供各种业务主题数据服务，包括设备数据服务、工单数据服务、供应商数据服务、合同数据服务、员工数据服务、客流量数据服务和运行图数据服务等。同时，结合城市轨道交通的业务特性，还提供各种数据分析服务，如设备状态数据比较分析、趋势分析、主题画像、风险预警等能力，可实现如设备状态修、客流量趋势分析、乘客画像、设备画像、项目画像、资产画像、行车安全感知、在线监控与检测、故障预警、安全风险预警等数据分析应用。

技术中台最重要的任务是构建一个开放、可迭代、可重用的开发平台，提供业务和技术能力的沉淀与共享，实现对城市轨道交通智能运行系统业务变化及创新的快速信息技术响应，如图 5-6 所示。

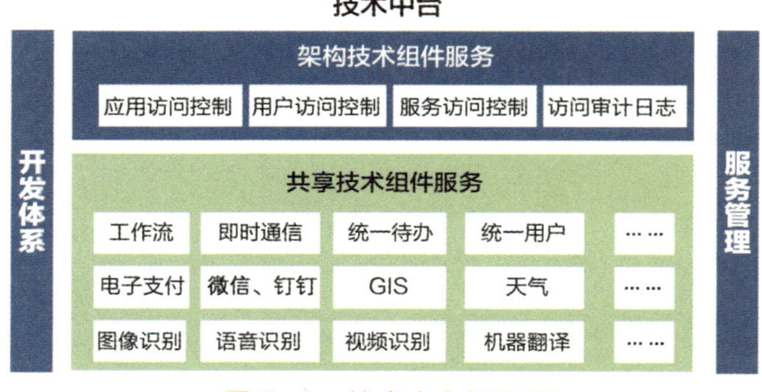

图 5-6　技术中台架构图

架构技术组件使技术中台建立“应用 - 用户 - 权限 - 审计”一体的应用安全控制体系，从软件层面保障应用系统的访问安全，并减少应用系统在应用安全控制的重复功能开发。

共享技术组件为业务中台和数据中台提供可重用的、可快速拼装的通用型服务组件，减少各应用开发的开发工作量，提高业务的响应速度，包括协同办公类技术组件、电子商务类技术组件和 AI 类技术组件等。

应用开发体系提供快速开发运行资源，利用架构技术组件进行构建业务应用，通过使用技术中台所提供的大量技术组件进行应用功能拼装，构建基于中台的标准化、规范化、高效化和体系化的应用开发体系。

服务管理则通过丰富的技术组件服务资源池实现服务的上架、查找、共享、拼装和停用等服务全生命周期管理功能，减少通用功能的重复开发工作，进行快速拼装，支撑迭代开发的需要。

业务中台主要提炼出新时代城市轨道交通各类业务中最核心通用的共性需求，并沉淀为组件化的共享服务给前端各类业务使用。相关业务领域的服务遵循面向对象的分析和设计方法，基于高内聚低耦合、数据完整性、业务可运营性、渐进性等原则，最终形成不同的服务中心提供共享服务。服务和服务中均伴随业务而发展变化，从尝试服务化阶段向全面服务化阶段、服务平台化阶段逐步演进，如图 5-7 所示。

尝试服务化阶段	全面服务化阶段	服务平台化阶段
车辆中心	设备管理中心	设备管理中心平台
信号中心	乘客服务中心	乘客服务中心平台
综合监控中心	运输管理中心	运输管理中心平台
PIDS中心	仓储物流中心	仓储物流中心平台
AFC中心	成本管理中心	成本管理中心
安检中心	协同办公中心	协同办公中心

图 5-7　城市轨道交通智能运行系统业务中台及演进阶段示意图

业务中台的服务中心与业务的发展紧密结合，将伴随着业务的变化同步调整，整体的发展演进可以分为三个阶段：一是尝试服务化阶段，轨道交通各专业（如车辆、信号、综合监控等）系统中核心通用的功能逐步提炼为服务；二是全面服务化阶段，各个专业系统中的核心通用服务沉淀为可重用的共享服务，并按照相关业务领域形成服务中心，如设备管理中心、乘客服务中心、运输管理中心、仓储物流中心、成本管理中心、协同办公中心等；三是服务平台化阶段，匹配业务的多样化、定制化以及快速反应的需求，部分服务中心逐渐向平台化演进，可以进一步满足大湾区协同发展的需求。

城市轨道交通智能运行系统体系架构(图 5-8)涉及 7 类关键技术,分别是网络传输技术、智能感知技术、云计算技术、应用开发和微服务技术、大数据技术、人工智能技术和信息安全技术,并具有足够的开放性,可以持续接入新兴技术。

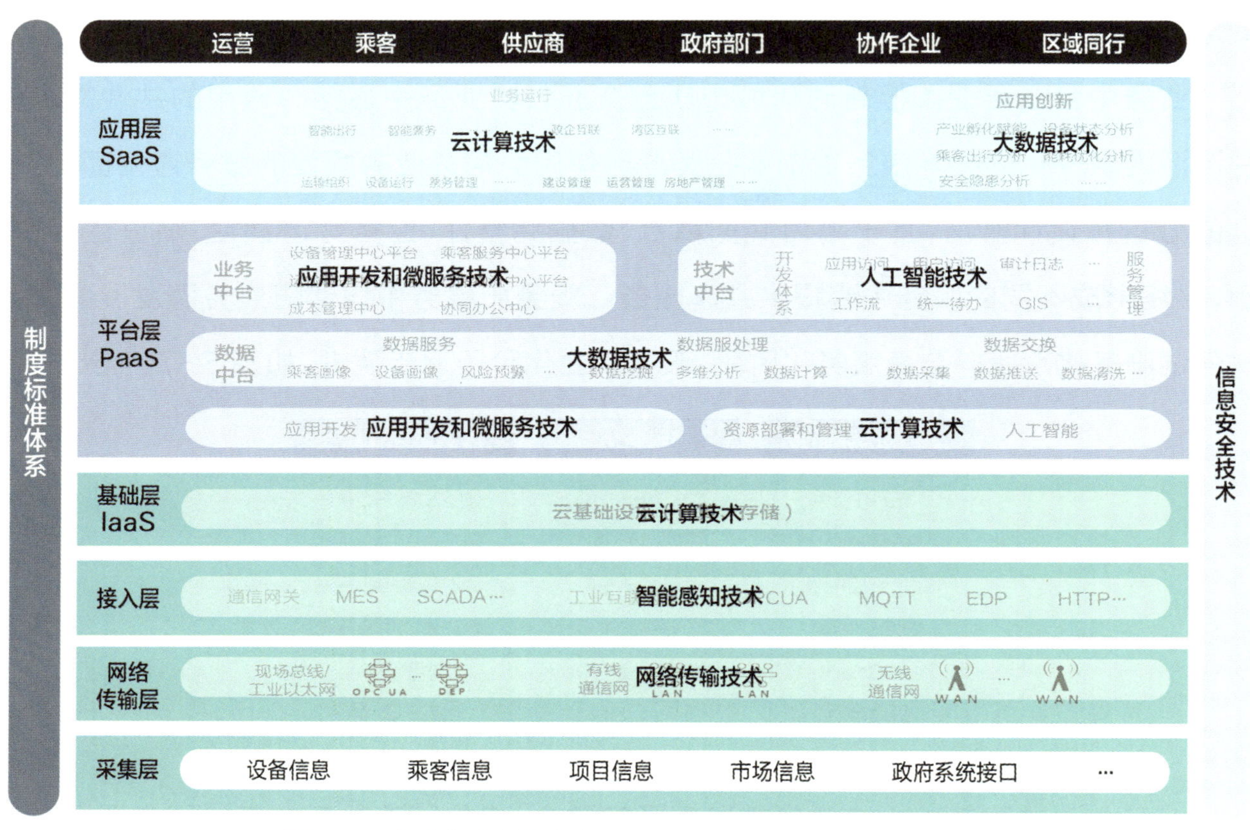

图 5-8　新时代广州轨道交通信息技术平台体系架构关键技术

第一项关键技术是网络传输技术。

通过物联网、互联网、泛在互联等技术,实现系统之间的互联互通,各系统各单元之间的无缝传递,促进数据的充分流动和集成。有线传输网络可采用基于频分的光传输(OTN)、工业以太网等先进通信技术;无线接入网可采用 WLAN、LTE、5G、蓝牙、iBecon 技术等,实现高带宽、高稳定性、高可靠性、快速精准的信息传输功能。

新时代广州轨道交通网络架构可**通过软件定义网络(SDN)技术抽象成一套网络**

资源池，实现线路各专业的计算、存储、网络资源的统筹与功能融合；**通过网络功能虚拟化（NFV）技术将软硬件解耦及功能抽象**，使网络的功能不再依赖于专用硬件，资源可充分灵活共享，实现网络资源按需分配。

第二项关键技术是智能感知技术。

采用物联网、生物识别、射频识别、电子标签、图像音视频采集、智能传感、eID电子身份证、毫米波太赫兹等技术实现信息的大范围、深层次数据汇集，构建信息技术平台的数据基础，为上层平台提供以下能力：

设备接入能力。采用物联网、工业以太网、移动互联网等通信协议实现设备、系统和产品的感知接入能力，采集海量数据。

协议转换能力。采用协议解析、中间件等协议转换技术实现多源异构数据的归一化和边缘集成能力。

边缘数据处理能力。基于高性能计算芯片、实时操作系统、边缘分析算法等技术支撑，在靠近设备或数据源头的网络边缘侧进行数据预处理、存储以及智能分析应用。

第三项关键技术是云计算技术。

将按照 3 层架构（基础层 /IaaS、平台层 /PaaS、应用层 /SaaS）设计，构建基于公有云和私有云混合架构的开放的行业云平台，打造灵活、可扩展、开放式的云操作系统，以赋予城市轨道交通智能运行系统和行业应用的高可用、高可靠和开放的能力，达到资源弹性供给、平台互联互通、数据共享，实现轨道交通技术、经验、知识的模型化、标准化、软件化、复用化。

基础层 /IaaS 平台按照混合云架构设计，将公用云和各专业的云平台、数据中心、异构的计算、存储资源进行整合，建设统一管理、统一调度的基础云，为各类业务提供弹性调度、按需分配的基础架构资源服务。

通过虚拟化、分布式存储、并行计算、负载调度等技术，实现计算、存储等计算机资源的池化管理，根据需求进行弹性分配，并确保资源使用的安全与隔离。根据功能、应用、管理的不同定位，可划分为生产调度域、内部管理域和对外服务域，各业务系统根据其业务属性分别部署在相关区域内。**生产调度域**主要部署安全生产以及管控、运输指挥、应急指挥调度业务相关生产系统；**内部管理域**主要部署企业管理、运营管理、建设管理、物业管理、资源管理等企业信息化相关业务系统；**对外服务域**主要部署面向外部和互联网应用的公众服务，包括乘客、供应商、政府监管部门、合作伙伴等相关系统，并作为生产调度域和内部管理域在互联网端的服务延伸区域。

平台层 /PaaS 技术基于通用 PaaS 叠加大数据处理、数据分析、微服务等创新功能，搭建业务中台、技术中台和数据中台，构建可扩展的开放式云操作系统。为上层 SaaS 屏蔽计算资源调度的复杂性，向不同类型的用户提供个性化服务，为应用程序自动分配资源。通过虚拟化、数据库隔离、容器等技术实现不同租户应用和服务的隔离，保护其隐私与安全。**引入容器和无服务器计算等技术，实现平台和行业应用的灵活部署和快速迭代，支持平台灵活迁移，以适应行业场景中海量个性化开发。**

应用层 /SaaS 技术以需求驱动、创新引领、价值导向为设计原则，根据用户需求建立，提供**生产调度服务、内部管理服务及对外服务**，同时为政府监管单位、城市轨道交通行业、大湾区产业链上下游企业等提供产业生态创新应用服务。

第四项关键技术是应用开发和微服务技术。

采用微服务架构，构建基于应用程序接口（API）技术的开放开发平台，通过安全类、通用类和行业类技术组件，将通用功能进行模块化封装和复用，支撑基于微型服务单元集成的“松耦合”应用开发和部署，使开发者以积木方式搭建软件，提高开发效率，支撑业务应用实现可迭代、可持续发展，展现体系化智慧服务场景。为轨道交通产业化发展的创新孵化提供更便捷灵活的技术环境，有效降低试错成本，提升孵化效率。开展关键装备智能诊断与健康管理、大客流预测与协同处置、人物同检全息技术研究，开发路网安全大数据挖掘分析等应用，进一步推动城市轨道交通的创新发展。

第五项关键技术是大数据技术。

应用工业互联网、物联网、大数据等技术，集成与融合企业管理数据、设施设备各专业数据、外部各类数据，搭建大数据平台，实现设备数据全面感知、动态传输、实时分析，形成科学决策与智能控制，推进精确的客流预测，提供更精准的“个性化定制”乘客服务。通过轨道交通各专业数据大融合，提供基于乘客服务、运营管理、建设管理、企业管理等业务领域的数据分析、数据挖掘、数据探索服务，打造城市轨道交通智慧中枢，形成驱动**乘客服务、运营管理、建设管理等高效协同运作的智慧中心**，以数据驱动实现城市轨道交通**智能化的服务、网络化的协同、个性化的定制、服务化的延伸。**

大数据技术可构建全面丰富的乘客“画像”，通过选择深度学习算法及高性能计算平台，进一步支持实现无感出行的票务服务、群体及个性的资讯服务、精准主动的信息推送，以及个性化增值服务等。期间，通过多元数据融合、分析、挖掘，达到高效调度指挥、精准调度决策的调度指挥，实现全息感知安全管理、灵活适配服务管理、移动便捷内部管理的车站管理。通过实时获取全线网设备的实时运行状态，结合历史维修数据，利用大数据挖掘技术，建立设备设施可靠性趋势预测模型，能指导设备设施的维修及更新改造，逐步实现设备的**状态修、预防修**及设备的**智能控制**。

大数据的应用是**以价值为导向，运用三维可视化技术，建立数字模型，实现物理和数字的完美映射，并综合运用数据挖掘、机理分析、生命周期管理等技术，构建城市轨道交通设备产品从设计、制造、使用到升级改造的全生命周期信息服务和闭环回路，如图 5-9、图 5-10 所示。**

图 5-9　大数据应用能力示意图

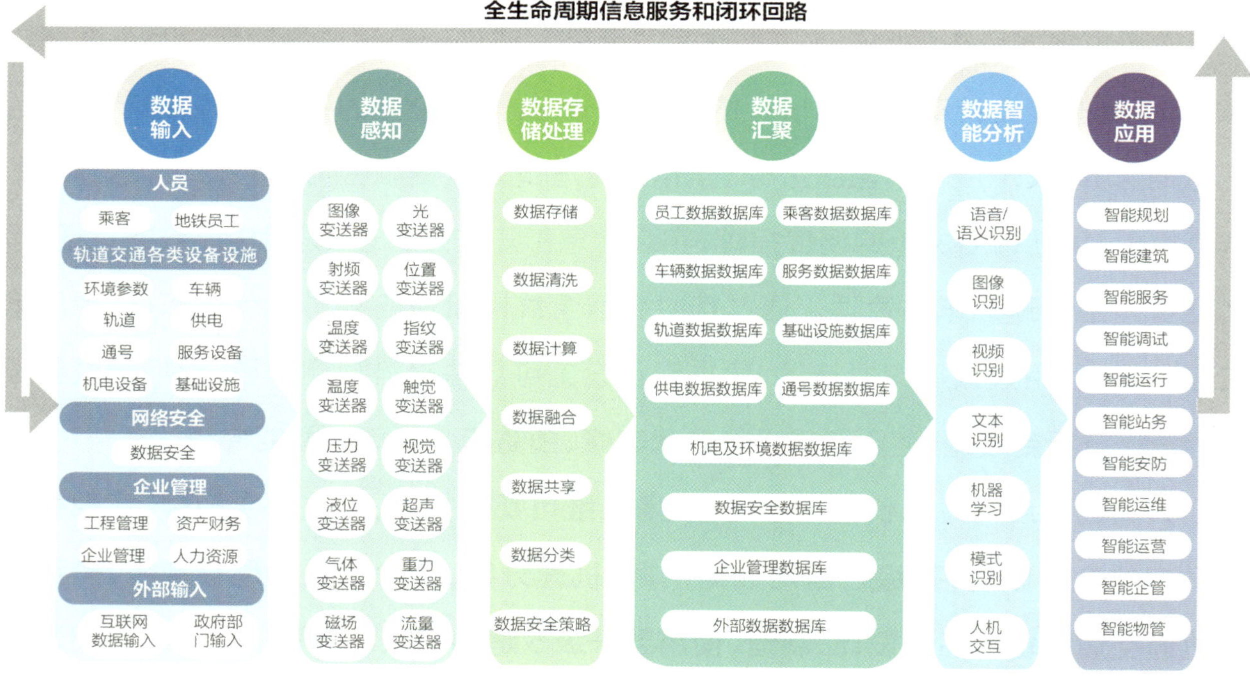

图 5-10　数据流向规划

第六项关键技术是人工智能。

随着大数据、新型高性能计算架构以及深度学习的发展，实现了**从量变到质变**的转变。在云平台的基础上，推动人工智能与轨道交通应用的深度融合，搭建基于深度学习的人工智能平台基础框架，根据业务应用方向逐步演进迭代。人工智能平台为乘客服务、行车组织、调度指挥、车站管理、运营维护、安全保障及应急处置等轨道交通业务应用提供**语音 / 语义识别、图像 / 视频识别、文本识别、机器学习、模式识别、人机交互**等人工智能服务，如图 5-11 所示。

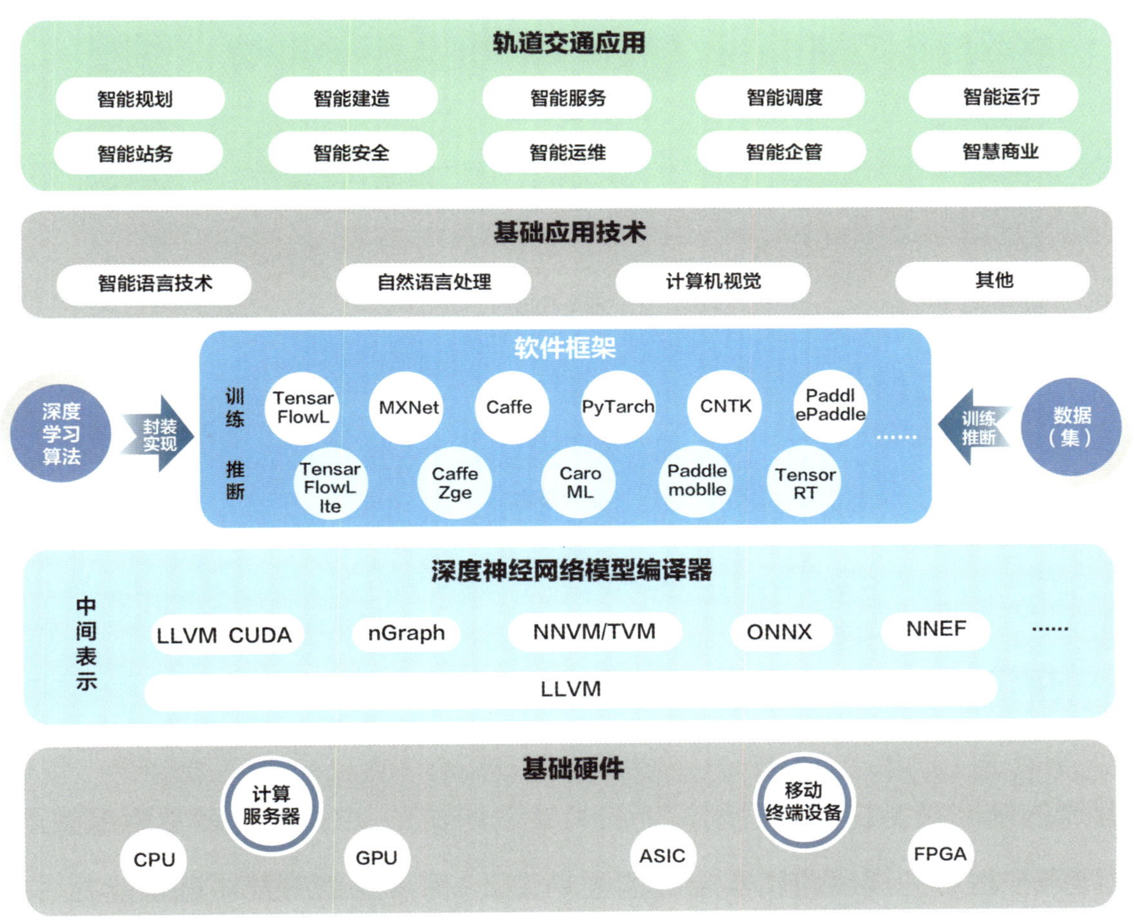

图 5-11　人工智能应用架构图

第七项关键技术是信息安全技术。

信息安全技术作为新时代轨道交通的智慧大脑，重要性被极大凸显。信息安全管理以“**可管、可控、可信**”为指导方针，全面落实安全防护措施，保障信息安全风险可控。信息安全管理以**模糊测试、工业仿真、安全自主算法、机器学习、白名单库、深度包检测**等安全技术为支撑，对**监测审计、入侵监测、主机加固、工业防火墙、堡垒机、网闸等安全设备和软件功能**进行集成，并提供平台化的集中管理功能，满足**国家关键信息基础设施网络安全等级保护要求，如图 5-12 所示。**

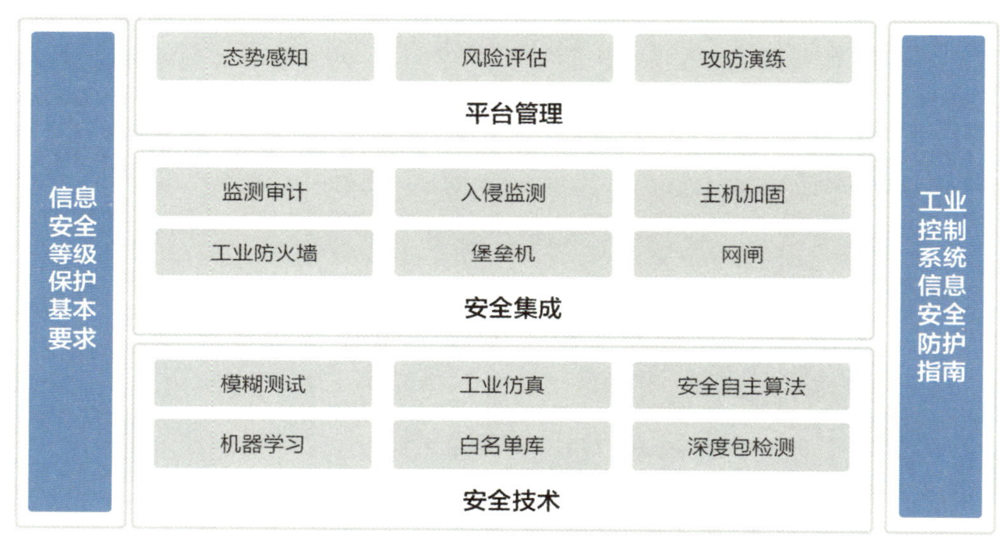

图 5-12　信息安全技术架构图

5.2　客流精准预测和监测

客流的精准预测是前期规划设计的关键设计输入，也是后期运营组织的重要依据，主要用于指导前期线路精准合理的规划设计，保障线路的整体运输能力，并同步指导线路运营后期管理调整，精准调节运能匹配客流，如图 5-13 所示。目前，客流预测多采用多源异构数据融合的精准客流预测分析技术，获得城市宏观客流、线网中观客流、车站微观客流等预测结果。

数据	客流预测		支撑功能
城市规划数据 手机信令数据 互联网数据 GPS数据 公路数据 票卡数据 安检数据 Wi-Fi数据 蓝牙数据 视频分析数据	正常客流监测 突发客流监测	城市宏观客流预测	• 规划轨道交通线网及线路走向依据 • 选择轨道交通制式及车辆类型依据 • 安排轨道交通项目建设顺序的依据 • 设计车站规模和车站设备容量依据 • 完成轨道交通建设经济评价的依据
	大数据 人工智能	线网中观客流预测	• 轨道交通安排运力基础 • 编制列车开行计划基础 • 组织日常行车基础 • 分析运营效果基础
	短期客流预测 长期客流预测	车站微观客流预测	• 客流监测预警基础 • 车站客运组织基础

图 5-13　客流预测实现方式

城市宏观客流预测方面，改变以往常规宏观客流预测方法，采用传统交通调查与大数据分析挖掘相结合的手段，通过最新居民出行调查、道路流量调查、公共交通及基础资料收集等交通调查，结合城市规划数据、手机信令数据、互联网位置数据、GPS 数据、公路和卡口数据、城市轨道交通客流数据、对外枢纽客流、土地利用数据、人口就业、IC 卡等多源异构数据进行深度分析和挖掘，利用人工智能算法模型预测短期和长期客流统计，获得精准城市宏观客流预测数据，为科学编制轨道交通线网规

划提供科学方法。

线网中观客流预测方面，以车站微观客流数据为基础，通过融合 AFC 客流规律数据和乘客出行偏好数据，设计可达性指标将乘客进站→目的地选择→路径选择等全出行过程进行有效关联，建立集计数据和非集计数据融合的预测算法，构建面向城市轨道交通多场景应用的网络中观客流一体化预测技术，为城市轨道交通运力精准安排、编制行车组织计划、分析运营效果等提供基础数据支撑，并作为宏观客流预测的输入数据。

车站微观客流监测及预测方面，利用车站 Wi-Fi 数据、蓝牙数据、视频分析数据、安检数据等进行多源异构数据融合，实时监测车站客流量。结合历史客流数据，通过贝叶斯模型、聚类算法等人工智能算法模型，获得车站微观客流数据，预测车站微观客流，对将要出现的潮汐客流、突发客流等进行预警，并为车站客运组织提供决策支持。微观客流数据作为中观客流预测的输入数据，并作为中观客流数据的基础数据。

5.3 行车安全运行保障

行车安全运行保障是通过各类智能传感器对行车关键设备和运营环境的全面感知、监测，提供行车安全关键设备设施全寿命周期的可靠性、可用性、可维修性、安全性（以下称“RAMS”）保障。行车安全将采用信号车辆一体化结构控制、环境感知、多车协同的智能化控制方式，提升列车运行的智能化水平，为列车更加安全、可靠运行提供必要的条件。

行车安全关键设备在线监测是保障安全运行的首要环节。

为实现轨道交通安全运行的目标，应以“预防为主”开展行车安全在线监测，完善应急体系、提升应急能力、提高系统自动化水平、建立关键设施设备全生命周期的安全监控机制。根据轨道交通成网条件下提升路网安全与运维水平的迫切需求，涉及行车安全关键设备设施采用多方式融合的在线监测 / 检测技术，形成安全与运维技术标准体系，提高在线列车安全监控完备率及关键设备故障检测准确率，实现对相关设备、设施状态实时监测和全寿命健康管理。具体包括车辆、信号、轨道、牵引网、站台门等关键设备的在线监测。如图 5-14 所示。

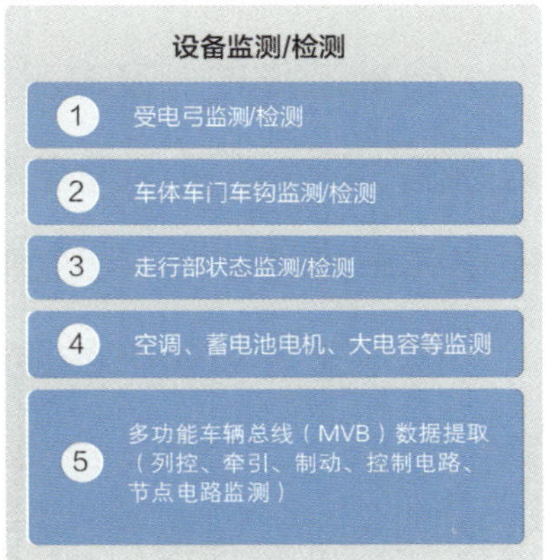

图 5-14 行车安全在线监测技术示意图

车辆关键设备在线监测要求在车辆和轨旁安装在线监测系统，包括走行部监测系统、网轨监测系统、蓄电池监测系统、脱轨监测系统、障碍物检测系统、列车实时状态监测系统、车门智能监测系统、受电弓状态及车顶图像监测系统、车辆运行品质在线监测系统、轴温监测系统、电机温度监测系统、轮对尺寸自动测量系统、车底及两侧图像监测系统等。通过列车运行状态实时感知、车地数据传输、后台数据分析等，实现列车关键系统安全状态实时检测、特征提取及运行状态模拟仿真，为列车运行状态的实时感知、远程故障诊断、运行品质评测、智能运维决策等提供支持。采集列车运行状态、载荷及环境影响因素等状态数据，包括轮轨动力学状态数据、弓网 / 靴轨状态

数据、列车运行控制及电控系统状态基本参数等。

轮轨动力学状态数据监测包括列车稳定性监测、列车平稳性监测以及列车载荷/振动激励监测 3 个部分，采集轴箱振动数据、悬挂位移数据、构架应力和振动数据、车体振动和应力数据，共享数据采集系统。

弓网/靴轨状态数据监测是在载客列车上布置传感网络，监测实景工况下受电弓弓头振动加速度、接触压力、拉出值、导高、燃弧率、电压、电流，对超限数据实时报警，通过长期数据采集及对比分析，对弓网健康状态进行预警。

列车运行控制及电控系统状态参数监测采用隔离侦听手段捕获列车控制总线基础数据，将数据包传输至数据中心，最后以可视化界面呈现，为实验室各系统的研究提供列车环境参数，反馈列车真实状态表征。

信号关键设备在线监测包括运维保障一体化综合管理、车载运维数据分析诊断、道岔健康监测管理，以及 ATP/ATO 设备、ATS 设备、计算机联锁设备、数据通信设备、信号机、转辙机、测速仪、应答器、与其他专业的接口等关键设备和接口的检测等，开展关键设备在线监测、数据分析与设备隐患挖掘、系统可靠性评估、故障预警及故障应急处理等，实现运维综合管理一体化，提高城市轨道交通信号系统故障响应效率、故障处理效率及生产管理效率，降低运维成本，提升设备可靠性。

轨道关键设备在线监测是基于列车运行的运营环境复杂性，设置车载式轨道巡检装置、车载式轨道波磨状态检测装置、无缝线路轨温及位移监测装置、道岔尖轨位移监测装置等，实现轨道设备状态检测、轨道状态评估、轨道检测标定等功能，解决轨道设施在列车频繁持续冲击作用下所发生损伤变形及性能劣化等主要问题。在探伤、轨检方面发展正线运行列车车载式的轨道自动化巡检、轨道几何尺寸监测系统，由常规的、频次较低的“检测”转变为高频次“监测”。车载式轨道巡检系统基于全息图像采集，采用高分辨率线阵相机完成轨道图像采集，将设备挂载在电客车下对轨道进行可见光成像，同时将数据与线路里程信息关联，获得完整的轨道数据记录。通过控制模块和图像采集软件实现对轨道设施的等间距扫描，对钢轨、扣件、轨道板表面、轨枕和道床表面、感应板进行图像动态采集、图像浏览和分析管理，实现对钢轨表面伤损、扣件异常、感应板移位病害进行智能识别，提高线路巡检效率，节约成本。对轨道几何尺寸和轨道波磨状态进行实时监测，检测轨道的水平、高低、轨向、三角坑、扭曲等几何尺寸，实现异常位置的定位和轨道状态趋势变化分析预测，为轨道状态监测和养护提供准确可靠的基于电客车运行状态下的测量数据和基于趋势分析的预测与养护支持。

车载式轮轨振动检测装置采用振动传感器采集轴箱在垂直、水平方向的振动信号，综合车轮在垂直方向和水平方向的位移信息，得出轨道波磨的波长、波深和频率。

智能轨温监测与无缝线路在线健康预警装置是在线路上每个断面位置针对上下行 4 条钢轨布置 4 个轨道温度和位移的采集单元，各位移单元和轨温单元将现场实时的轨温和钢轨位移值传递给布置在线路旁边的采集模块，并上传至车辆段监控计算机。

道岔设备状态在线监测及预警装置运用激光测距技术，监测道岔在转线尖轨起始状态位置准精度和尖轨在动作过程中的位置随时间变化规律。采用基于光电位置敏感探测器（PSD）的激光位移测量技术，应用尖轨侧面扫描、等厚基准的测试计算方法，实现尖轨的位置测量，记录过程位移变化，绘制出位置及随时间变化的位移曲线，对于不符合要求的曲线计算机进行报警处理。获取道岔在操动过程中尖轨起始状态位置精准度和尖轨在动作过程中的位置随时间变化规律，以检测尖轨密贴程度，获取尖轨动作过程数据，并应用数据判断道岔尖轨使用状态，指导编制道岔的维修保养计划，保障道岔的正常状态。应用道岔安全监测系统，采用基于声发射原理的实时在线

监测技术，利用金属和非金属在裂纹的萌生及扩展时释放高频弹性波形成声发射信号物理特点，通过传感器采集被监测的岔区轨件发生伤损（如裂纹、掉块、断裂等）时伴生出来的声发射信号，通过信号特征识别、提取、分析技术，对被监测钢轨的伤损（如裂纹及断轨等）状况进行预、报警。

牵引网关键设备在线监测采用弓网在线检测装置、靴轨在线检测装置，实现对运营车辆的弓网/靴轨关系、跟随性、离线率等相关数据的采集、传输、分析、处理、存储等高精度实时监测，并适用于高速列车、全天候牵引网的实时检测，及时发现设备隐患，提前排除设备故障，提升维修效率。

弓网在线检测装置包括接触网几何参数检测装置和弓网动态参数检测装置，其中，接触网几何参数检测装置完成对刚、柔性接触网参数检测，负责测量接触线拉出值、接触线高度（导高）、多支接触线相对位置、导高坡度、接触线磨耗、双支接触线水平距离、双支接触线垂直高差和跨距。

靴轨在线检测装置包括接触轨几何参数检测装置和靴轨动态参数检测装置，其中，接触轨几何参数检测装置主要针对接触轨不平顺测量，包括接触轨中轴线距轨道中心的水平距离、接触轨受流面距钢轨顶面的垂直距离、接触轨坡度、端部弯头、接触轨磨耗、跨距等测量。

站台门关键设备在线监测主要通过设置霍尔、光电编码及红外传感器，实现对驱动、传动、锁紧等关键装置运行状态的感知，建立设备故障模型，利用智能控制单元对设备状态进行精准的分析及评估，以提升站台门在线健康服役能力。在全自动运行线路应实现站台门与列车门对位隔离状态监视功能。

行车运行环境实时感知是保障安全运行的必要措施。

采用基于多感知数据融合的环境识别技术，强化对轨道障碍物、隧道状态的运行环境感知，提高列车对复杂周边运行环境的识别能力，适应列车运行复杂环境，解决随时出现的轨道障碍物和隧道状态变化对列车运行安全造成的重大隐患。

轨道障碍物运行环境感知将采用被动式或主动式的探测方式，通过列车排障器触碰式识别、驾乘人员目视识别、信号机识别、轨道线路识别、侵限识别、红外激光技术识别、人工智能摄像机识别等多种感知技术，精准探测轨道障碍物，控制列车紧急制动，避免发生运营安全事故。同时通过智能传感技术，获取车外的天气情况并进行相应联动控制，保证列车控制的稳定性。

隧道状态运行环境感知将采用基于 BIM 技术的城市轨道交通隧道设施安全状态检测技术，开展隧道变形检测与三维测量、隧道表面裂缝自动采集与识别、隧道沉降自动监测，完成对隧道设施安全状态自动化检测，实现隧道设施多种检测模块的紧凑化、检测技术的智能化。建立半实物隧道仿真模型和实物隧道模型，模拟病害仿真环境，并进行检测系统的调试与实验，建立安全状态综合评估方法与评价体系标准，为后续的隧道设施状态评估奠定基础。

行车安全控制是保障安全运行的重要手段。

信号系统是整个行车安全控制系统（图 5-15）的“中枢与神经”，是列车安全与高效的保障系统，也是轨道交通运营必须高水平开通的装备系统。未来信号系统列控技术的发展方向是基于车车通信的列控系统，在传统基于通信的列车自动控制系统（CBTC）的基础上，逐步依赖自身的感知手段而实现的智能运行系统。列车控制系统突破以地面指挥列车的控制模式，调度命令直接下发给列车，无须通过地面联锁、区域控制器中转执行；以车载为核心列车运行控制，列车安全防护由车车直接通信实现，并结合图像识别等技术实现智能化控制。车车通信列控系统将大量精简地面设备，从而大幅度提高效率、降低成本。

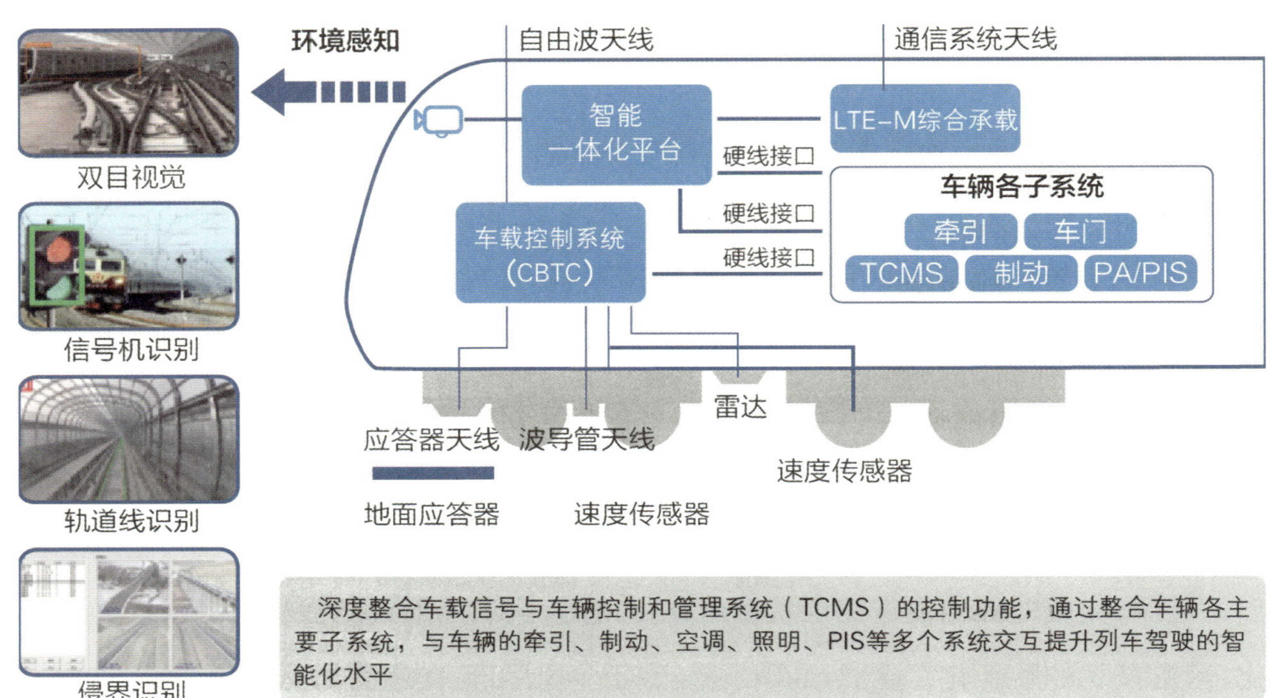

图 5-15　行车安全控制系统示意图

线网控制中心基于云平台实现智能行车调度指挥，大数据支撑全网调度，实现系统调度指挥决策和列车运能的精准投放；基于视频识别、雷达探测等多种主动传感探测方式的融合式轨道环境感知，将外部环境感知结果与车辆、信号系统进行联动控制，实现列车在复杂运营环境下安全运行。

列车控制采用智能车载设备自主控制，深度整合车载信号与车辆控制系统的功能，加强车辆各主要子系统与牵引、制动、空调、照明、广播及乘客信息等系统的信息交互，实现行车安全控制，提升列车智能化水平，实现列车高效运营。

列车之间、列车与轨旁基于高可靠的无线通信技术的移动闭塞，行车间隔不受地面设备限制，车－车自律协同运行，自主计算安全运行间隔，最大程度减少车站和轨旁设备；车站设备电子化、小型化、集成化，简化非集中站的信号设备，可实现减少车站生产用房面积，降低建设成本及建设周期。

轨道交通路网内信号 CBTC 系统的互联互通，适用于装载不同信号设备的列车跨线共线运行，或区域内城际轨道交通与城市轨道跨线共线运营，从而实现轨道交通线网与湾区城际轨道交通的联通、联运。目前国内外实现互联互通存在多种技术路径，实现方式可通过采用同一厂商相同制式设备、加装多套信号车载或地面设备、采用通用的信号车载设备、基于统一规范标准的信号系统互联互通接口等。

对于湾区范围内城际、市域、城市轨道交通等不同系统选型的互联互通，以及线网内的准移动闭塞、移动闭塞等不同闭塞方式的互联互通，可通过加装多套信号车载或地面设备、采用通用的信号车载设备等方式实现。

对于轨道交通线网内相同闭塞制式下不同信号供货商的系统之间的互联互通，可通过加装多套信号车载或地面设备、采用通用的信号车载设备、基于统一规范标准的信号系统互联互通接口等方式实现。

为实现完全兼容的互联互通，应对信号系统需求和系统架构、通信方式与接口通信协议兼容技术进行统一标准，应满足互联互通需求的列车安全防护和精确控制技术、不同地面设备控制下的列车平稳切换技术要求，还应统一共线、跨线运营组织与管理模式等。

5.4　全息感知精准服务

新时代城市轨道交通围绕**客运联控**、**乘客信息感知**、**票务处理**、**资讯交互**等关键服务需求，对全链条的出行服务进行智能整合和提升，推动城市轨道交通便捷和精准服务的革新。

客运联控的重点在于形成了面向需求的自适应客流控制启动与引导机制，适时主动诱导乘客合理选择出行路径、出行方式。

利用乘客出行数据，对不同乘客出行 OD 信息、路径等客流特征进行准确掌握和实时传递，根据客流精准预测结果，指引信号系统根据客流预测数据智能生成计划运行图，灵活设置交路，供需联动客运匹配，控制列车按计划运行。列车运营过程中，通过对车站、线路、线网的进站、出站、换乘、拥挤度、OD 数据等进行分时段、区段、区域监测和预测，对不同情况下的车站、线路和网络的拥挤度、运力运量匹配度、行车组织合理性等进行分析和评估，生成行车调整策略和建议，并做好乘客诱导，信号系统同步根据行车调整策略动态调整行车计划运行图，实现线网运输能力的精准投放，达到供需联动的客运匹配。如图 5-16 所示。

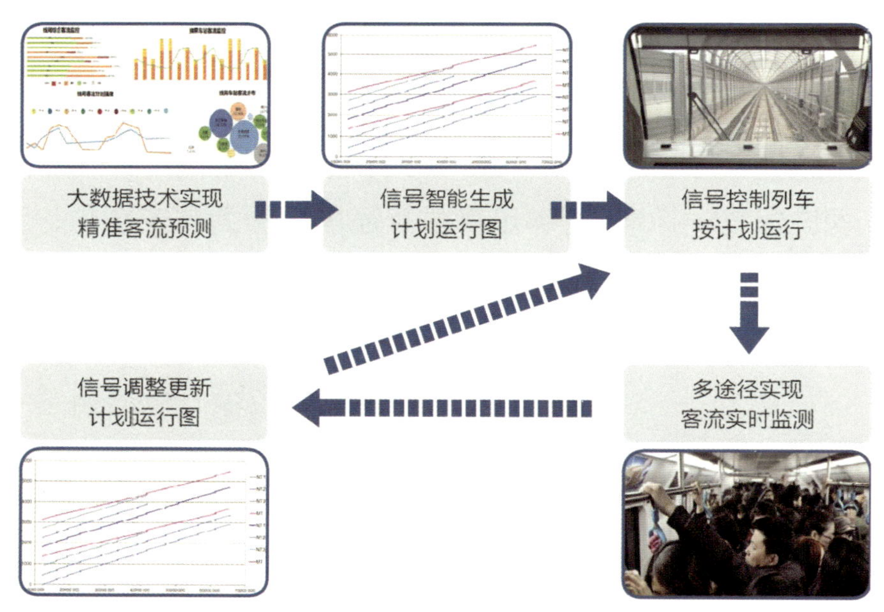

图 5-16　行车 - 客运的自适应联动示意图

与此同时，采用信息集成技术将车站客服设备、安全设备、资讯设备、机电设备、无线设备等物联网化，构建车站信息管控应用，实现智能导向、乘客资讯信息显示、闸机、摄像机、边门、客服终端、智能照明、环控设备、集成移动终端等设备设施的实时监控和灵活的场景化模式控制，模块化客控联动及信息诱导，达到车站精准客控的目标。

此外，通过车站信息管控应用统一控制站内外乘客信息发布显示设备及移动发布载体，根据客流控制、应急疏散等场景需要，在线上手机应用程序（App）以及线下导向标识、乘客信息显示系统（PIDS）、广播、电子导引系统等信息终端上实现统一信息发布管理功能。如图 5-17 所示。

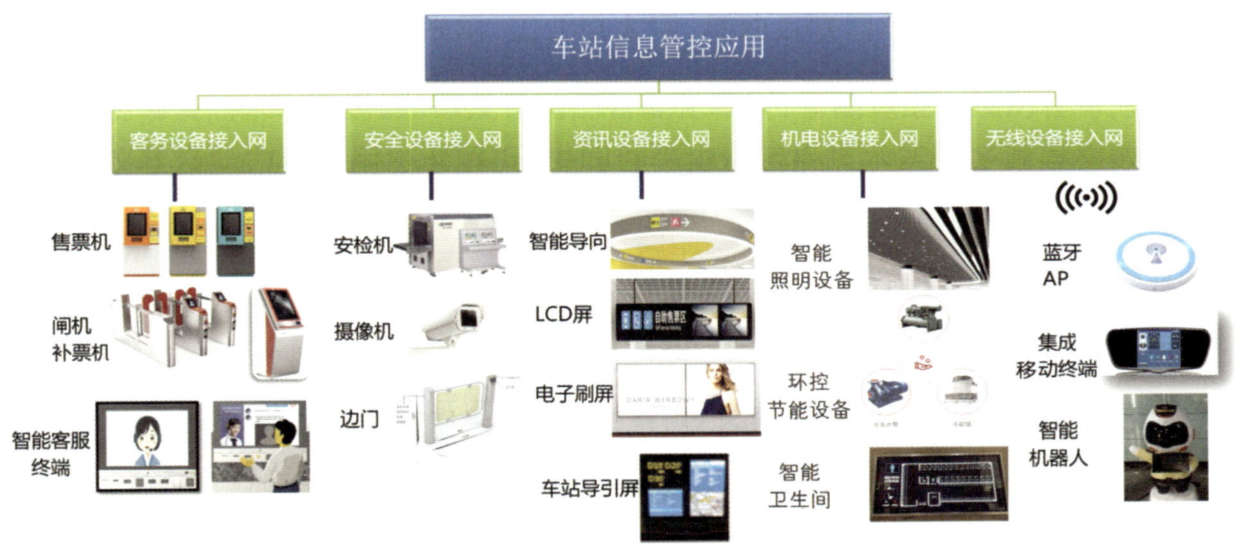

图 5-17　车站设备物联网示意图

乘客信息感知侧重于建设适用于多应用的开放共享型线网乘客“画像”信息库。

利用生物及非生物特征识别技术，关联乘客生物及非生物特征、身份、信用支付等标签信息，各应用可按需与乘客“画像”信息库进行数据交互。在乘客出行全过程中，利用智能视频、行动热点（Wi-Fi）、移动网络、蓝牙、射频等技术实时精准感知乘客，关联乘客“画像”信息库数据，支撑多元化票务服务、信息资讯服务、生活增值服务等精准服务应用。如图 5-18 所示。

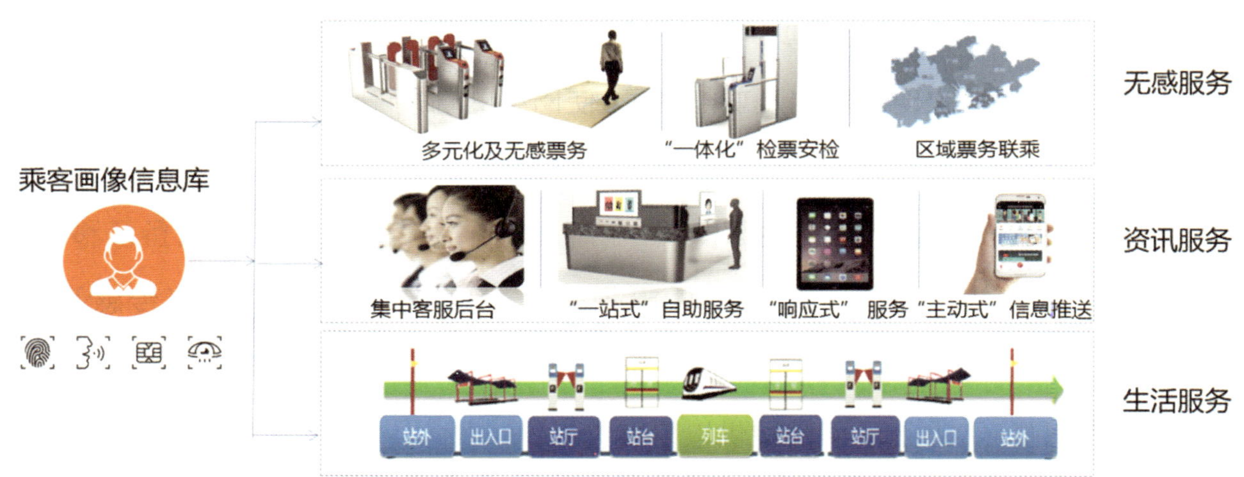

图 5-18　乘客画像信息功能示意图

票务处理则重点追求快速、精准、多元化。

采用“终端 - 线网”两层票务交易实时数据传输架构，开发多元化及无感支付票务服务应用，实现乘客的灵活票种选择、多元支付手段、多种购票方式及便捷无感支付功能，达到乘客快捷出行、多元化及无感票务支付的票务目标。

票务处理采用进场通信（NFC）近距离通信、基于主机的卡模拟（HCE）、蓝牙、脱机数据认证（ODA）、二维码等技术，将传统票卡逐步向多样化、手机虚拟化票种转型，应用生物特征识别技术（如人脸及眼部识别技术）及非生物特征识别技术（如射频识别及近距离蓝牙技术），结合乘客“画像”信息库，将虚拟化票种向“无感支付”的无票卡化转变，满足多元票务体系及乘客便利过闸服务需要。

在城市轨道交通出行方面，近期将首推乘客进出闸无感支付，通过各类智能无感检测设备，捕捉乘客标签特征，结合乘客“画像”信息库，实时感知乘客的进出闸信息，后台办理信用支付结算。未来将逐步从“无感支付”向“无感通行”演变，票务设备逐步虚拟化，全面实现乘客在城市轨道交通出行全过程的身份无感智能识别，精准判断乘客站内出行轨迹，后台即可自动完成系列票务操作。如图 5-19 所示。

图 5-19　乘客无感化出行票务机制示意图

在粤港澳大湾区轨道交通网出行方面，区域票务信息关联将以广州轨道交通清分等为核心，统筹规划建设适用于湾区城际通行的票务应用，规划统一的票务技术标准，实现区域票务信息关联，逐步实现湾区统一票务清分功能，满足湾区城际旅客日益庞大的便捷出行需求，助力区域多制式轨道交通“一张网、一张票、一串城”的融合发展。如图 5-20 所示。

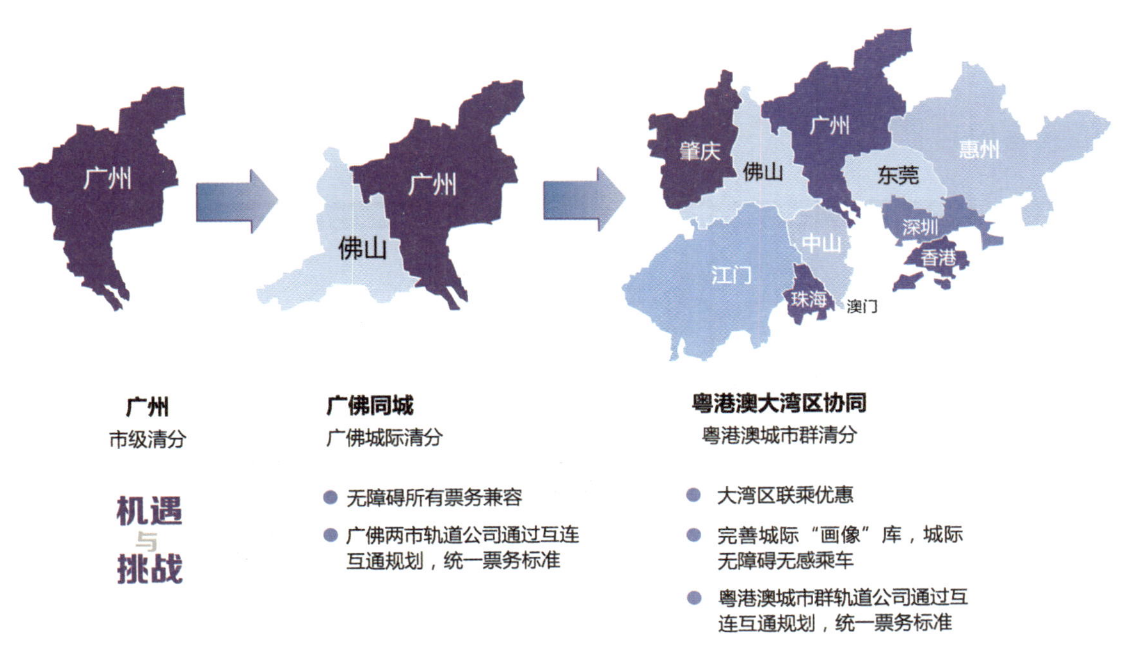

图 5-20　区域票务示意图

近期实现广佛线网内所有票种的无障碍付费区互融互通，乘客在广佛线网内实现“一票通”；湾区内实现非回收类票种联乘优惠“一卡通”，逐步建立湾区乘客“画像”信息库，实现城际间“无感支付”乘车。未来逐步实现票务设备虚拟化，全面实现乘客在湾区轨道交通出行全过程无感通行。

票务处理在保证安全的前提下，可汇聚乘客“画像”信息及社会征信数据综合评估，对出行频繁和信用良好的通勤乘客，通过精准的乘客身份识别，将票务安检融合，提供快捷的通行方式。采用乘客身份无感识别技术，将检票与安检设备融合，设置“一体化”票务安检无感通道，开发乘客“画像”信息共享的票务及安检关联应用，完成乘客“一站式”安检及检票无感服务功能，在提升乘客通行体验的同时确保城市轨道交通线网大客流快速通行能力。

资讯交互讲求精准。

采用“终端－线网”两层实时数据传输架构，开发综合智能客服应用（图 5-21），实现集中智能服务、现场快速响应、质量自动监控的全时客服功能，达到个性化、精准化、智能化客服目标。

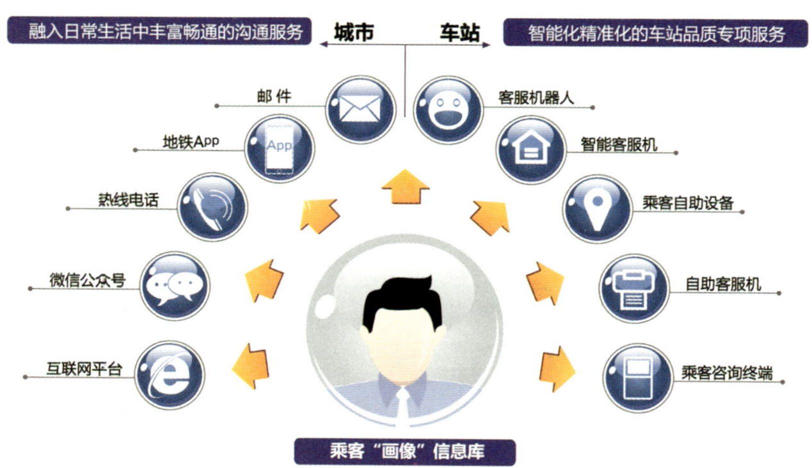

图 5-21　综合智能客服示意图

一是搭建线网综合智能客服应用后台。采用语音语义分析及知识模糊推理技术，实现与乘客的远程音视频及自动应答交互，按需解答乘客疑问及远程指导，并对客服代表服务质量进行在线监控，**形成集中智能客服模式**。在此基础上，在线下车站设置乘客自助终端、智能客服终端、移动式客服终端、智能机器人等智能客服设备，乘客可灵活通过自助操作、智能语音及后台客服等方式，使用票务处理、票务查询、换乘指导、站内外导航、运营信息查询、周边信息查询等功能，形成**智能化的车站“一站式”快捷资讯服务模式**。线上设置城市轨道交通 App、微信公众号、官网、邮件、互联网平台等网络化客服载体，乘客可随时随地按需查询或与后台客服进行精准沟通，形成**融入市民生活的畅通沟通服务模式**。此外，还要在车站建设快速客服响应服务体制，车站工作人员配置移动式客服终端，通过精准室内人员定位技术，当设备及后台无法解决乘客服务需求时，后台客服“一键式”快速通知就近的现场工作人员进行**人工“响应式”专项服务**。

二是构建乘客资讯统一的信息发布应用。利用多媒体显示技术、互联网技术、物联网技术等，采用两层架构构建线网统一的乘客资讯发布应用，提供实时动态的多媒体信息，同时与公交、枢纽、高铁车站、机场信息互联互通，促进信息的融合与协同。以车站、车载各类多媒体电子终端为媒介，运用 3D 裸眼显示、互动感知显示、全息投影显示等新技术向乘客提供站内、站外无处不在的多元化立体信息展现。在车站结合建筑装修融合设计丰富的智能电子导向设备，根据运营场景进行灵活调配，为乘客提供实时导向信息，改善乘客体验。通过车载视频图像分析，计算车厢内乘客拥挤密度，联动站台信息显示屏，引导乘客有序乘车。

三是主动推送信息。依据城市轨道交通智能运行系统平台，集合智能客服、票务、视频、安检、门禁、 App、地铁荟等内部乘客数据及公安、社会征信、第三方互联网等外部数据，结合乘客“画像”信息库，分析乘客出行数据、服务数据、安全数据、消费数据，利用大数据挖掘技术，获取乘客的服务需求类型，实现乘客个人属性的精准定位。通过乘客出行全过程的信息感知技术，采用智能视频、Wi-Fi、移动网络、蓝牙、射频等技术实时获取乘客出行关键位置，精分乘客的服务需求，采用互联网技术，通过地铁App等互联网载体，针对性提供定制化个性化的“主动式”线上信息推送，提升运营服务水平。如图5-22所示。

图5-22　主动信息推送示意图

四是实施车内人机信息交互应用。集成有机发光二极管（OLED）显示膜车窗，通过人机交互系统，乘客可以在车窗上搜索信息、浏览网页、规划行程等，也可以在线观看喜爱的影音节目。

五是打造基于城市轨道交通客流大数据的互联网生态信息生活应用。基于客流的城市轨道交通商业服务，构建轨道交通生活增值平台，结合乘客“画像”信息及精准属性定位，采用出行感知技术及移动互联网技术，引入注册会员机制，实现群体化经营模式向与乘客需求相匹配的个性化精准服务模式转变。

5.5 运营环境安全保障

新时代城市轨道交通运营环境安全保障秉承安全、可靠、主动预警、联动处置的构建思路，应用物联网、移动互联网、人工智能、云计算、大数据分析等先进技术，不断更新迭代，形成高度集成化的综合安全防范体系，确保全网车站、区间、列车、段 / 场、控制中心等区域的安全运营。

保障运营环境安全，一体化安防是核心。

一体化安防就是构建集智能化安检、智能视频监视、城市轨道交通保护的一体化安防体系，实现集约高效的全域立体的安防信息集成和安全应急联动。如图 5-23 所示。

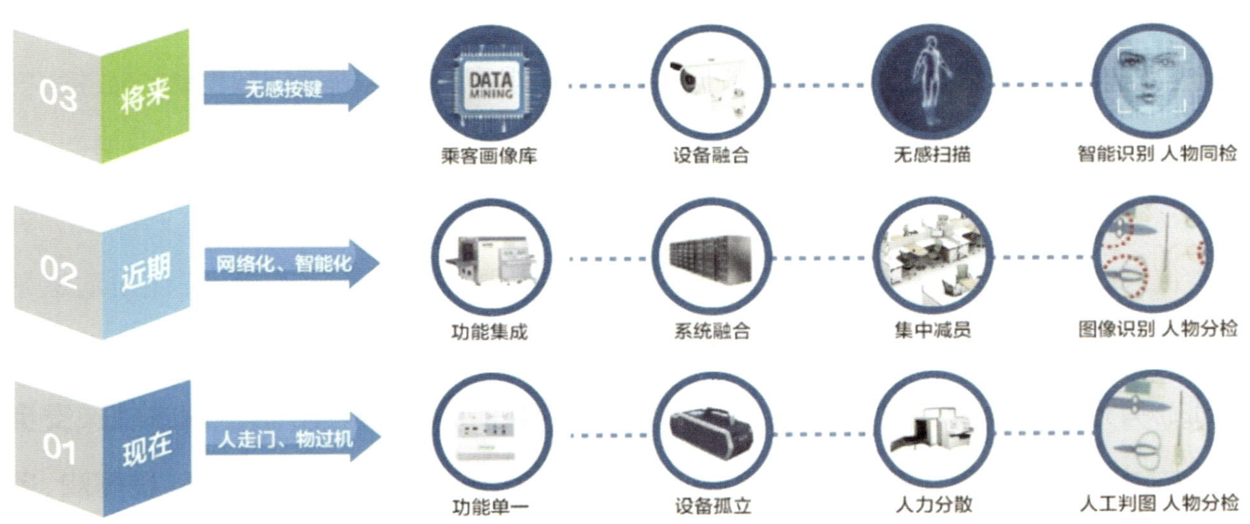

图 5-23 一体化安防示意图

就智能化安检而言，应逐步从区域化安检设备向网络化集成模式转变，采用“终端 – 线网”两层数据传输架构，结合无感扫描、集中判图、图像识别等先进技术，通过安检网络化、判图智能化、信息精准化、检票安检融合化，实现城市轨道交通安检网络

化、智能化的便捷安检模式。**数据层**以乘客精准“画像”信息库作为数据支撑,应用人脸特征识别技术,与公安等相关政府部门进行数据互联,对“黑名单”“灰名单”乘客进行及时预警及监控,提升城市轨道交通安全保障水平。**感知层**设备采用物联网及智能图像识别技术,实现线网集中智能判图,快速精准识别危险物品,减轻判图员的工作量,提高安检运营效率,节约人员成本。随着安检技术的发展,未来应着力加强“人物同检”的“无感安检”小型化设备设施的研发及应用,在确保城市轨道交通环境安全前提下,保证乘客顺利快速通行,提供良好出行体验。

智能视频监视是构建城市轨道交通安全防范的“天眼”,应在城市轨道交通进行全域视频覆盖,采用“车站接入层－线网汇聚层”两层架构,对各区域广泛应用智能视频分析技术,实现安防、车站管理、乘客服务和设备管理多层域的综合功能。在城市轨道交通出入口、通道、换乘平台、站台、车厢内应用人数统计分析、热力密度分析等功能;在闸机、安检处、出入口部署人脸采集设备,实现人脸数据比对、结构化数据、安检数据关联等功能;在段/场周界、出入段洞口、站台门端门、设备区出入口通道门、楼扶梯、风井口等处应用入侵检测分析、扶梯人员异常行为分析、物体/气体监测分析等功能;在车站出入口、设备区通道、关键设备房等重要位置部署摄像机,实现自动巡站功能;通过视频分割、自动数字化、语音识别、镜头检测、关键帧抽取、内容自动关联、视频结构化等技术,实现视频智能检索功能。拓展互联网＋应用,通过城市轨道交通内部或外部运营商网络研发移动客户端视频App,实现视频的灵活、快速部署。通过接口联动,实现多专业、多业务综合预警,对监控场景中的变化进行定位、识别、跟踪和判断,在异常情况发生时及时发出警报,有效开展事前预警、事中处理、事后及时取证。

城市轨道交通保护应通过地面机械入侵探测与预警、城市轨道交通保护区人机协同智慧巡检、城市轨道交通结构服役状态智能感知、车载快速综合检测、城市轨道交通三维实景模型重构等技术，构建新型地保巡检监测模式，取代传统人工巡检模式。

一是以光的相干解调技术为基础，利用高灵敏度光纤作为传感器来测量光纤周边的振动，连续感知与定位光纤的异常振动，探测并预警打桩、打钻、挖掘等城市轨道交通入侵事件，保证城市轨道交通安全。如图 5-24 所示。

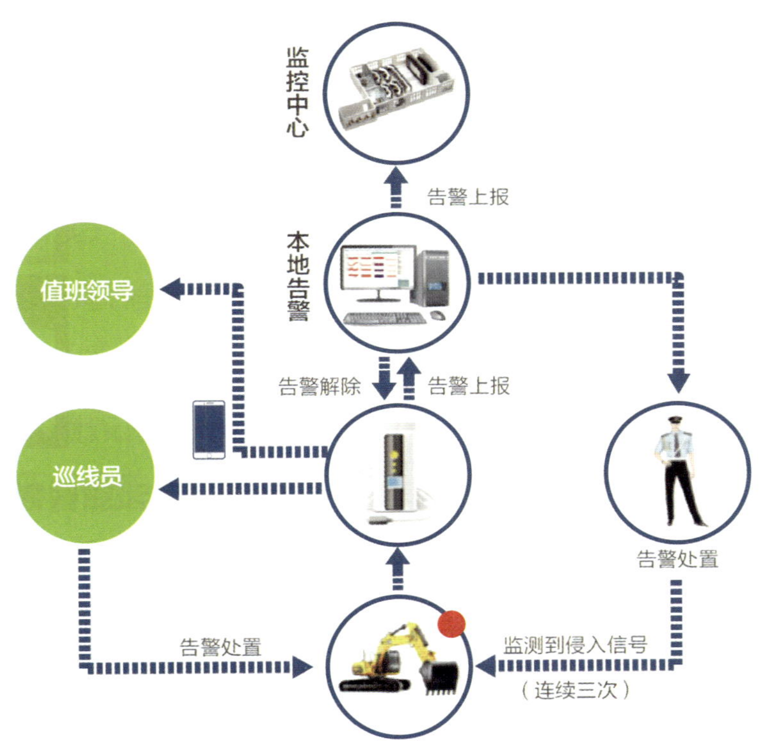

图 5-24　城市轨道交通入侵事件与预警示意图

二是基于无人机、视频监控等设备对城市轨道交通保护区进行快速影像与视频数据采集，并通过机器深度学习进行特征提取和变化监测，实现城市轨道交通保护区人机协同智慧巡检，对城市轨道交通保护区违规作业进行快速定位和智能辨识，协助巡线人员进行快速预警与执法。如图 5-25 所示。

图 5-25　城市轨道交通保护区人机协同智慧巡检

三是在不良地质影响区、外部施工活跃区、结构病害区、结构变形敏感区等区域的城市轨道交通隧道预埋各类位移、应力、应变等智能传感器，建立结构状态动态感知网络，对城市轨道交通结构服役状态智能感知。结合城市轨道交通历史数据与经验，建立城市轨道交通服役期结构健康状态综合评估方法与评价体系，从而动态评估结构服役期的健康状态，确保城市轨道交通结构安全。

四是城市轨道交通列车的车载综合检测设备，集成三轴陀螺仪、激光扫描仪、近景摄影仪、视频监控、空气检测仪、红外热像仪等多种检测设备，实现对隧道椭变、表面裂缝、渗漏水、限界、轨道平顺度、温度、空气质量等的快速检测，确保城市轨道交通运营安全，辅助城市轨道交通运维保养，车载快速综合检测。

五是搭建城市轨道交通三维实景模型，通过航空倾斜摄影、激光雷达、移动测量、BIM 等技术重构城市轨道交通、周边地物、管线、地质等全要素实景，用于城市轨道交通应急疏散、客流模拟、结构维养、设备管理等。如图 5-26 所示。

图 5-26　城市轨道交通保护区三维建模技术

保障运营环境安全，消防安全是关键。

立足于火灾防控“自动化”、灭火救援指挥“智能化”的立体化消防安全需求，创新消防管理模式，实施智能防控、智慧管理，通过智能感知、物联网、射频识别（RFID）、无线报警网络、视频智能分析、BIM、智能消防机器人、大数据分析应用等技术，拓展火灾自动报警、烟雾探测、图像火灾预警、智能疏散、电气火灾等消防系统，具备火警定位、联动报警、报警管理、设备自动巡检、设备管理等功能，形成智慧消防物联网系统，实现消防设施自主运行、自我诊断、智能控制。

保障运营环境安全，安全预警与应急处置是基础。

通过采用智能感应技术、新型网络通信技术和数据集成技术，构建智能应急监测预警应用，实现风险自动研判、安全预警与分级、应急处置与联动、预案演练与评估的一体化安全预警与应急处置功能，确保轨道交通安全可靠和高效运作。

5.6 绿色节能环保

新时代城市轨道交通以“节能环保”为主线，以提高节能水平及环境友好型为目的，以智能化先进技术、设备为手段，聚焦数字建造、车站空间营造及人性设施、装配式建筑、节约能耗、环境控制及保护等领域，将绿色、节能、环保贯穿于轨道交通全生命周期，实现可持续发展。

数字建造是发展绿色节能环保轨道交通的必然趋势。

该项技术采用基于三维数字设计和工程及管理软件集成的建筑信息模型（BIM）技术，构建“可视化”的数字建筑模型，打造为建设、设计、施工及运维等各环节提供“模拟和分析”的统一科学协同平台，通过 BIM 轻量化，实现移动终端对模型的浏览、服务应用开发等功能的模型操作。利用三维数字模型对项目进行全寿命周期管理，实现整个工程项目各个阶段有效节省资源、节约成本、降低污染和提高效率。同时，打通档案管理系统、合同管理系统、知识管理系统等各个业务系统，实现在项目过程中的各类数据实时融合共享，达到生产与管理结合，BIM 与先进信息化技术相结合。如图 5-27 所示。

BIM 技术是集成建设工程项目各种相关信息的多维数据模型，对工程项目物理特征和功能性特征信息数字化承载和可视化表达，具备项目的可视化、协同性、优化性、可模拟性等功能，实现城市轨道交通工程全生命周期各个参与方在同一多维建筑信息模型基础上的数据共享。BIM 模型作为全生命周期的数据载体，其数据在各个阶段各个环节不断更新和叠加，实现全生命周期的数据互联互通。

在项目规划决策阶段，建设、咨询和设计单位等相关方通过 BIM 虚拟现实技术直观了解拟建项目总体情况，针对项目建设方案进行分析、模拟，开展全生命周期成本分析及各备选方案的全面预测评价，结合 BIM 历史数据库相似工程信息，选择合适的评估模型估算全生命周期成本，从而使整个项目建设降低成本、缩短工期并提高质量。

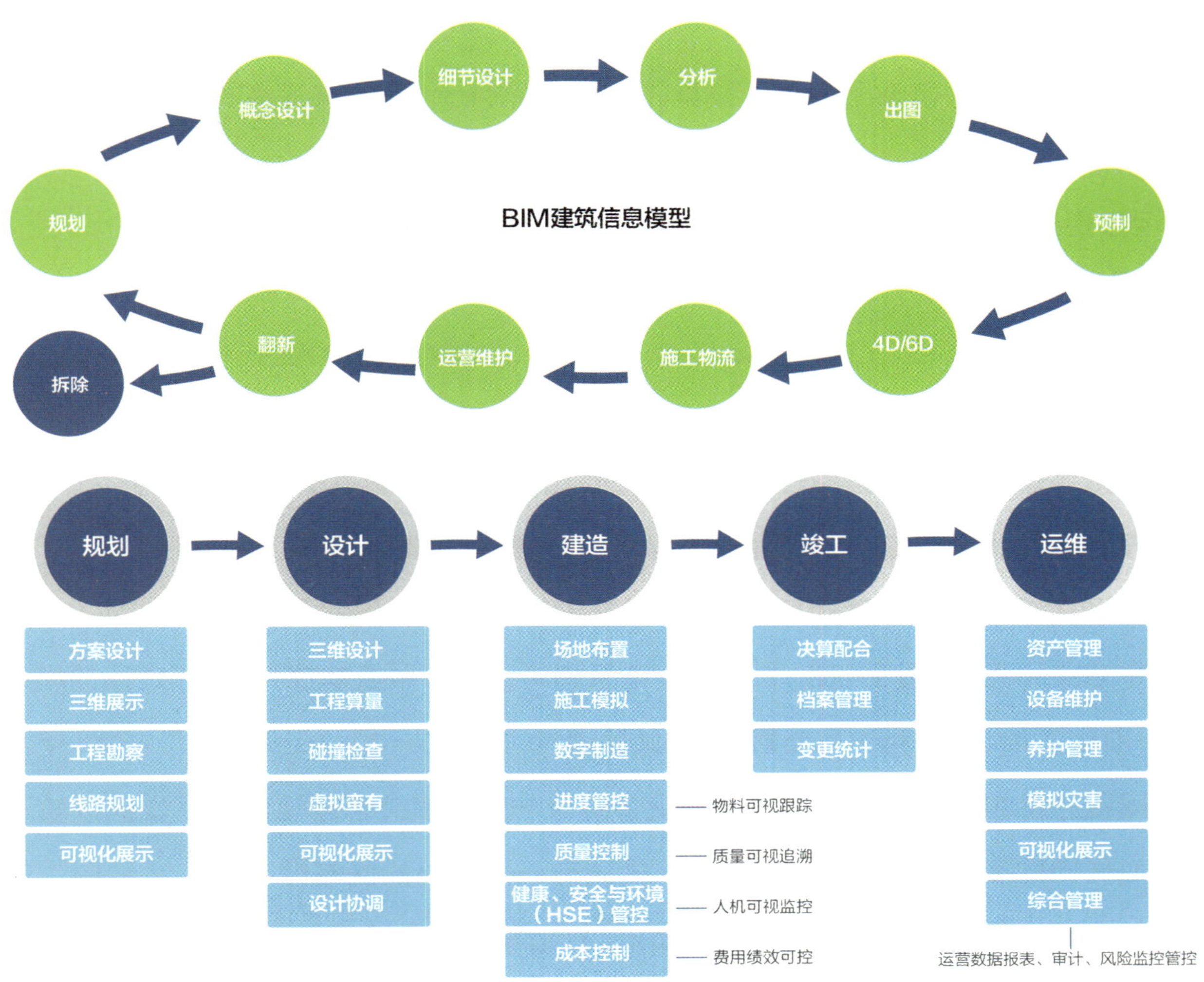

图 5-27　BIM 建筑信息模型

在设计阶段，为各专业设计提供共享操作平台，便于各专业沟通协调，可提前发现各专业的设计碰撞问题，促进协同设计、碰撞检查及管线综合。

在施工阶段，在 BIM 模型的基础上结合施工组织设计信息，进行施工方案的模拟、施工深化;对预制构件和设备,通过完整的构件设备几何和非几何信息,可以实现构件预制加工、道路运输、现场安装的流水化作业;结合施工现场的实际施工信息,进行准确的工程量统计工作,辅助项目投资监理精确复核工程量,实现虚拟进度和实际进度比对、人员设备材料等资源管理、质量与安全管理、施工监测三维可视化等,辅助实现施工阶段的精细化管理。在施工模型的基础上,考虑施工变更及相关施工验收资料等信息,构建最终的竣工模型,通过对资产编码,生成数字化资产清单,实现建设、运营资产数字化移交;对所有机电设备型号、性能等建立数字档案及身份识别二维码,通过物联网技术,实现运营设备的智能维修管理。

在运营阶段,向城市轨道交通 BIM 模型注入客流数据、车辆的运行记录、维修记录、财务状况等信息,依据人流密度的变化,调整车辆的组织运行方案;对财务信息的提取加工,进行运营成本分析;通过维修记录和监控数据,协同发现运营隐患,快速维护保障安全。

车站空间营造及人性设施是发展绿色节能环保轨道交通的必备条件。

车站空间营造(图 5-28)与车站设备系统将进一步融合集成,设备管理区向模块化、标准化变革,更有利于运维管理;公共区通过“无感支付”“无感通行”技术,使乘车空间更为集约化、高效化,车站空间从传统单一的轨道交通运输功能逐步向以轨道交通为导向的多样化空间发展,形成以轨道交通为核心的区域性“轻生活平台”,满足使用者更为复杂、更为多样的行为需求,打造集“休闲娱乐、社交办公、人文教育”多位一体的区域性平台。“建设轨道交通就是建设城市空间”,实现城市各类服务性空间与轨道交通的同步规划、同步建设。有效利用车站建筑空间,营造良好的空间视觉效果,最大限度减少封闭性空间带来的压抑,打造现代、简洁、明快、精致的国际化车站形象,通过“形、材、色”的综合运用突出符合国际化审美品位的车站装饰设计风格。

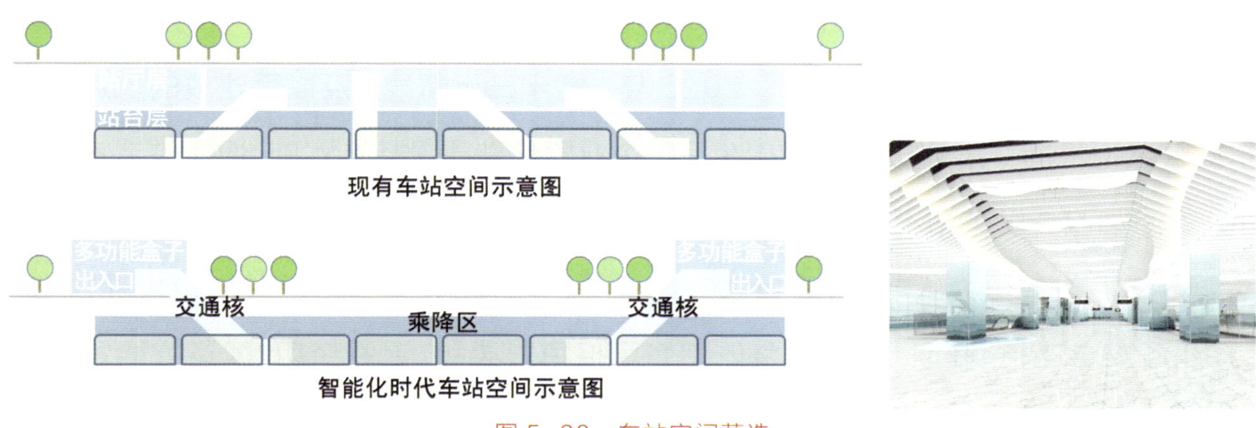

图 5-28　车站空间营造

换乘体系（图 5-29）依据精准客流模拟技术，分析换乘站客流特征，从乘客使用角度，对换乘站的设施功能建立包括换乘便捷性、换乘设施能力适应性和短时冲击性等多个方面的评价指标体系，得出适宜于乘客需求的指标评价标准。归纳总结关键要素，演进为静态、简化计算方法，充分刻画及认识换乘客流动态、复杂的使用效果。同时，建立换乘站仿真模型，并标定参数，对个性化的车站进行详细的动态分析，指导规划网络中换乘模式建设。

图 5-29　换乘体系

车站卫生设施满足乘客更舒适、人性的如厕需要，制订适应轨道交通车站特点的公共卫生间（含母婴室）企业管理及建设标准，形成新线建设及旧线改造公共厕所的

指导性文件。按照一类厕所标准配备相应的卫生设施，设置第三人卫生间、独立工具间、无障碍设施、儿童小便器/洗手盆、坐便厕位、废纸容器、洗手液/烘手机/面镜、厕位扶手、防臭措施、智能设备等。2025年（含十三五新线）及以后建成的轨道交通车站公共卫生间（含母婴室）100%采用企业管理及建设标准实施，旧线改造不低于90%、困难改造区车站不低于80%。

母婴室设计更为人性化，设置独立的哺乳隔间，配置洗手台、面镜、垃圾桶、护理台、儿童安全座椅、呼叫电话等，整体装修风格色彩柔和，温馨亲切，配备智能管理体系、智能感应设备（自动感应门、声控灯）等智能化设施，如母婴室内可语音控制哺乳间内的灯光、窗帘、调奶器、加湿器、净化器，也可语音控制室内的音乐等。

装配式建筑是发展绿色节能环保轨道交通的重要抓手。

采用新方法、新技术、新材料解决装配式车站结构体系、预制构件连接及施工等核心技术问题。根据不同结构特点及装配可行性，采用相应的新型节点连接方式。针对各种装配式车站结构构件，全面考虑生产、运输、吊装、定位、连接的施工过程。采用BIM全专业协同设计技术，基于装配式车站开展综合管线、设备、装修等多专业的研究与优化设计，有效避免专业间碰撞，减少返工造成的工时与材料浪费。运用BIM的三维可视功能，模拟施工流程和拼装过程，提高施工效率。基于全生命周期的设计，实现设计、生产、施工、运营和管理全过程的成本最优化。

场段综合体装配式以钢材和混凝土形成钢－混凝土组合结构，充分发挥钢材高抗拉强度、高塑性以及混凝土高抗压强度的性能优点，应用于带上盖开发车辆基地，相比常规混凝土结构，可减少咽喉区柱数量、拉大柱网，改善列车行车视线条件，减少柱子数量不少于25%，柱跨可达20～30m，如图5-30所示；可减少盖板结构高度、提高盖下有效使用空间，改善运营检修作业环境，减少盖板结构高度不少于

20%；可减小结构自重，改善结构抗震性能，减少结构自重不小于 30%。

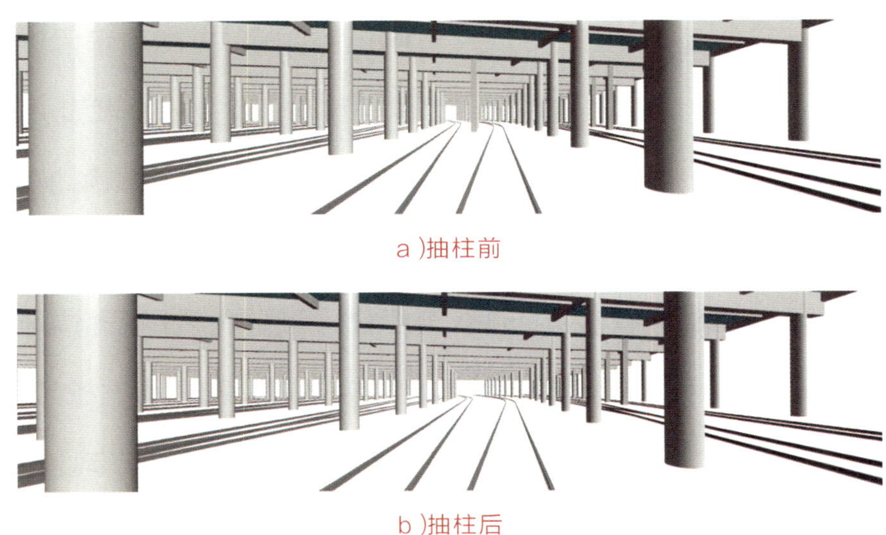

a)抽柱前

b)抽柱后

图 5-30 减少柱子数量

节约能耗是发展绿色节能环保轨道交通的必然要求。

运行能耗是轨道交通运营成本的重要组成部分，降低系统能耗是新时代轨道交通可持续发展的必然需求。根据轨道交通实际运行环境，重点关注牵引节能技术及环控节能技术，采用节能新方案、新技术、新工艺、新设备及新材料达到低碳节能运行的效果，助力企业可持续发展。

车辆系统的车体及转向架等部件应采用碳纤维、聚碳酸酯、铝镁合金等轻型材料实现轻量化设计，整车减重 13% 以上；采用主动悬挂技术，在行驶途中针对车厢产生振动对悬挂系统的阻尼进行动态调整，使悬挂系统时刻处在最佳的状态；转向架采用主动径向系统，改善车辆曲线通过性能，缩小转弯半径，大幅降低车轮磨耗。

牵引系统应合理选择线路路由和敷设方式，降低列车牵引能耗；运用客流精准预测技术，动态调整线网列车实际运行图，实现运力与客流强度精准匹配，降低列车空载能耗；设置列车制动能量回馈装置，动态跟踪列车运行交路及发车间隔，最大限度实现列车制动能量的回收；在轨道交通动力车辆牵引系统中，采用永磁直驱同步电机，将减少维持磁场所需无功功率，降低牵引电机的铜耗，提高功率因数与效率，可降低系统能耗 10%；应具有功率密度高、输出转矩和功率大、抗过载及退磁能力强，对“6 动 2 拖”动力编组的列车，可用“4 动 4 拖”编组替代，节省 2 辆动车牵引系统，整列车成本可降低 20%；减小工作电流强度，利于电机的冷却，有效提高车辆牵引动力系统可靠性；应具备电机磁通密度高、动态响应快，转速同步性和宽调速范围的特点，提高车辆调速的精准性；实现无齿轮箱传动，减轻车重，可降低机械传动噪声 15dB（A），提高乘客绿色出行的获得感；由于采用无齿轮箱直接驱动方式，机械磨耗小，全寿命周期成本低；可将轴距由 2.5m 减小为 1.6m，转向架自由空间大，径向调节能力强，适应较小曲率半径的复杂线路条件；永磁同步电机（图 5-31）具有广泛的应用前景，并必将形成轨道交通牵引系统的产业优势；采用轻量化的车身及转向架，降低列车牵引能耗；研究采用新型高效列车空调系统，减少列车辅助系统能耗。

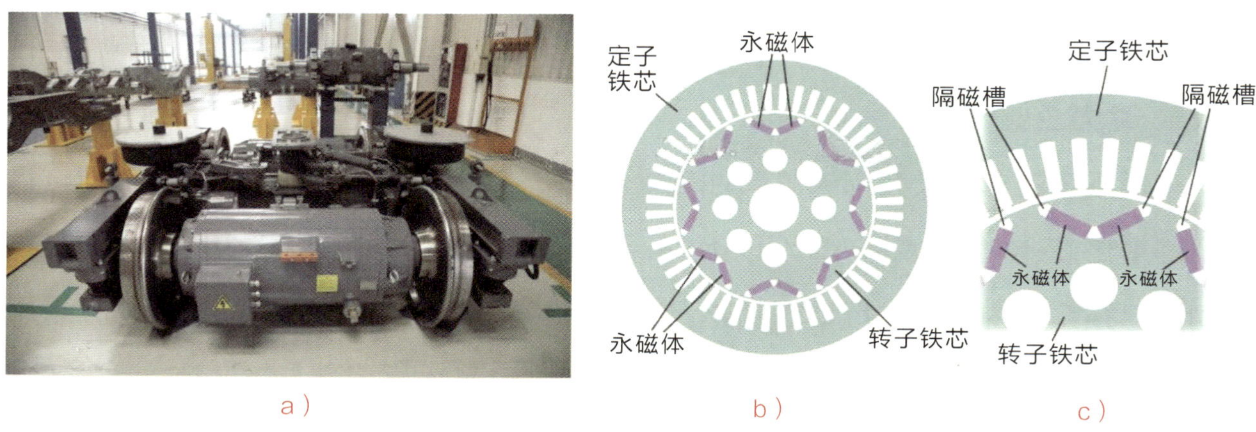

图 5-31　永磁同步电机

车站空调系统采用高性能磁悬浮冷水机组、节能可靠永磁直流无刷（EC）风机、低阻力可变风路空调器、管路优化装配式制冷机房、精确设备智能控制等技术，应用精细化精准设计，建立轨道交通空调系统能效指标水系统综合能效比（COP），保证运营期间水系统综合 COP 大于 5.0，实现节能高效运行，降低系统能耗，保障城市轨道交通车站空调系统高效可持续运行。如图 5-32 所示。

图 5-32　车站空调系统

基于储能的新一代城市轨道交通供电系统利用新一代储能（如太阳能光伏电池、超级电容等）和电力电子技术，搭建兼容异构混合储能的分布式电源城轨交通供电系统架构，实现将综合能量管理和混合储能系统接入城市轨道交通供电网络，以提高系统整体运行效率，达到节能、环保、安全运行。

环境控制及保护是发展绿色节能环保轨道交通的基本途径。

建立从设计、施工到运营全过程的环境保护动态监测体系，实现对影响环境主要因素全过程的动态精准管控，支持轨道交通绿色可持续发展。

环保施工设计应采取措施，减少项目建设的环境影响和资源消耗。施工期应采用绿色施工技术，降低噪声、粉尘、废水污染，实现减振降噪及减排的环保目标；尽量选取对外环境噪声影响小的地下线路敷设方式。对风亭、冷却塔进行消声等降噪处理；

区间隧道主要采用对沿线污染和干扰较小的盾构法施工，并在敏感建筑密集的路段采用减振道床技术；选择始发井、吊出井位置时，应尽量避开环境敏感点密集的部位。

车站及隧道环境监测通过动态监测城市轨道交通隧道、车站环境状态，建立车站新风品质及污染物排放、隧道空气品质、设备振动及噪声排放等云端监测平台，实现污染排放的全过程动态精准管控，隧道通风系统的优化运行，设备振动的控制隔离，在运营期间保证车站风亭新风品质及污染物排放满足要求，保障室内空气新鲜健康，车站环境安全可靠，列车乘客舒适安全。

空调区域气流组织精密控制主要通过计算流体动力学（CFD）模拟技术，充分考虑送风口的形式和位置、送风射流的参数、室内温度梯度及空气分布特性指标（ADPI）等，合理选择和布置可调空调风口，利用传感器感知客流变化、设备散热情况，实现车站各区分区域的精准调控，使空调区内形成比较均匀而稳定的温湿度、气流速度和洁净度，保障城市轨道交通各系统设备的安全可靠运行，满足城市轨道交通乘客安全舒适乘车要求。

乘车环境采用空调智能监控系统，根据车内空调的实时运行状态，对车内空气实现自动净化和车内温湿度实现自适应调节。采用智能照明系统，通过感知车内光线环境，自动调整亮度和色温。采用压力波检测装置，当车内外压差变化超过设定值时，启动压力保护系统，保证客室的舒适性。采用主动降噪装置，基于车辆结构和噪声源频谱特性，实现噪声控制。

开展城市轨道交通嵌入式轨道系统设计、施工和维护技术研究，应用嵌入式轨道及阻尼钢轨，解决轮轨相互作用形成的轮轨振动波传播至地表面激发上方建筑物振动及内部二次噪声，以及轮轨噪声通过空气和隧道反射形成车内噪声，影响乘客和驾驶员乘坐舒适性等问题。同时，减弱线路短波不平顺引起高频振动造成车辆部件疲劳，提高车辆可维护性。嵌入式轨道（图 5-33）采用高分子阻尼材料、弹性垫板等材料，钢轨相对轨道板阻尼比 6.27%，具有较好的传递损失和阻尼性能，能较好地衰减钢轨振动。经测试，与普通扣件轨道（弹条III型）相比，速度 60km 时城市轨道交通车辆通过嵌入式轨道的轮轨噪声降低 5 ~ 7dB（A），减少杂散电流对隧道管片、周围建筑、管道腐蚀。对于环境敏感适应区域，可试点应用阻尼钢轨，阻尼钢轨主要由阻尼板、钢轨吸振器以及安装所需的阻尼胶和弹簧夹组成，降噪效果可达 3 ~ 5dB（A）。

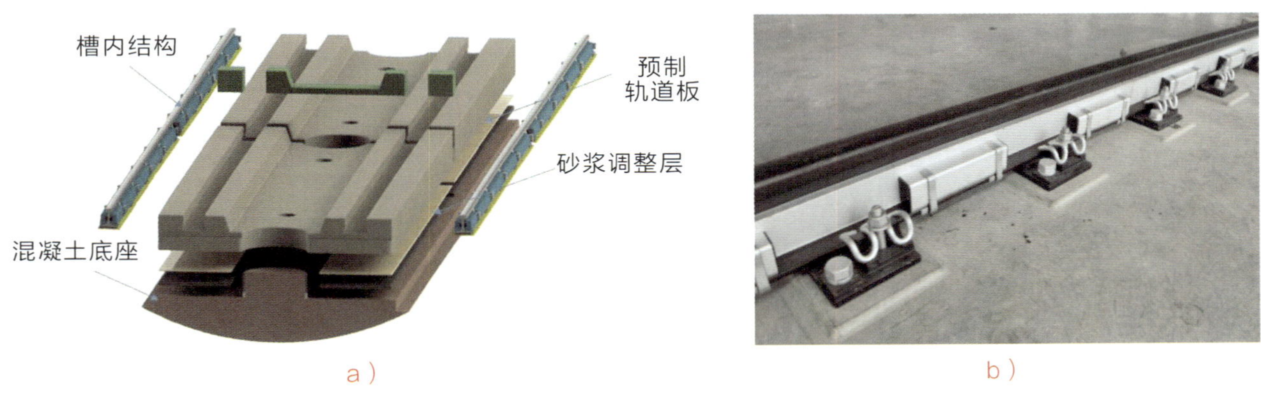

a）　　b）

图 5-33　嵌入式轨道

5.7　关键设备智能诊断和健康管理

关键设备智能诊断和健康管理依托基于云计算、大数据的城市轨道交通智能运行系统平台，采用在线监测、故障诊断和预测、数据融合、专家分析决策、全寿命周期管理等关键技术，将**基础结构类、行车运输类、信息交互类和车站设施类关键设备设施及核心部件**的运行数据信息进行采集、融合、分析、挖掘，形成基于状态感知的精准维护维修模式和面向线网运营场景需求的智能决策，促进运维精准高效，提升前台维

保、后台维修及资源调配的衔接能力及网络化设备设施健康管理水平，最终形成体系迭代的智能运维，营造安全、可靠、高效的运行环境。

首先，基于可靠性理论，建立设备设施全寿命周期的健康管理体系。

设计阶段，聚焦可靠性分配，以行车可靠度为基准，利用重要度和复杂度分配法（AGREE 法）、回归模拟等统计学理论建立系统可靠性分配方法，依次分配并明确未来新开通线路及其各设备乃至各子系统需要承载的可靠度目标要求。

建设阶段，聚焦设备固有可靠性的实现，以设计输入的可靠性目标为基准，分别从供应商选择、设备制造与安装质量保障、可靠性验证三方面建立严格的执行标准与流程；同步建立系统可靠性的常态化评价与反馈机制，确保设备建设质量满足最终用户的更高要求。

运营阶段，聚焦可靠性的保持与提升，结合设备设施的历史表现及其对运营服务的影响程度，建立基于四象限的设备设施分类方法；对应构建差异化的可靠性维修策略体系；并通过实时获取全线网设备的实时运行状态，结合历史维修数据，利用大数据挖掘技术，建立设备设施可靠性趋势预测模型，指导设备设施的大中修及更新改造。

上述全寿命周期运维体系的构建依托于多项关键技术的综合应用。感知过程中，应用在线监测、数据融合等技术；数据分析过程中，应用故障诊断、故障预测、专家分析决策等技术；应用决策过程中，应用专家分析决策和全寿命周期管理等技术。

其次，基于智能化手段，实现关键设备设施智能诊断与主动运维。

根据运营需求，按照面向结构、运输、交互、配套的功能表征，关键设备设施智能运维分为基础结构、行车运输、信息交互和车站设施等。

基础结构主要体现在隧道方面，将设置城市轨道交通隧道安全智能巡检机器人

（图 5-34），采用多目相机的采集方法测量隧道二维全断面尺寸及三维轮廓尺寸，检测隧道洞体表面裂缝、隧道洞体结构缺陷等数据，通过裂缝图像处理算法，对比裂缝识别模型，对隧道结构安全状态做出综合评估，从而实现隧道安全监测，营造安全行车的隧道环境最终目标。

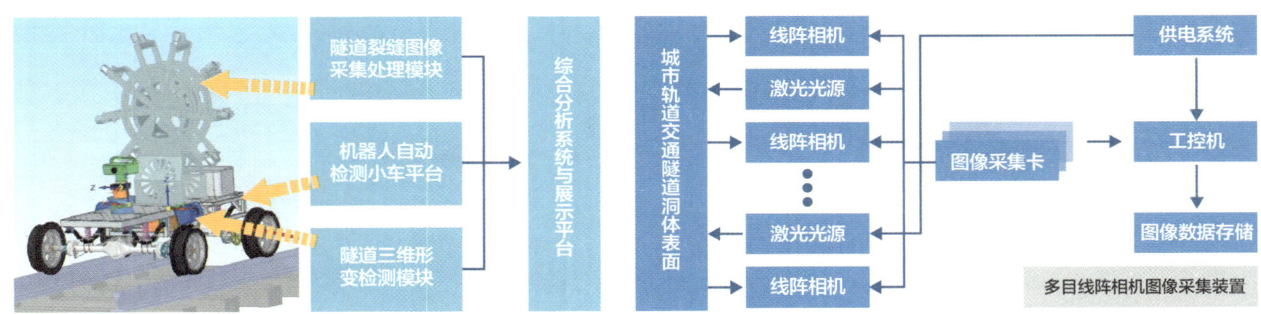

图 5-34　城市轨道交通隧道安全智能巡检机器人

行车运输主要体现在车辆、车辆段、轨道线路、信号、供电设备 5 个方面。

车辆方面，要建立车辆智能运维系统（图 5-35），通过超高速移动通信技术（EUHT）、长期演进技术（LTE）、第五代移动通信技术（5G）等现代通信技术，组建多网融合的高带宽车地无线通信系统，综合承载车载在线监测、轨旁在线监测、段内检修等信息，提供列车与地面数据处理系统的高速数据传输通道，实现数据交互，并通过数据处理中心对所有数据进行转换、存储、特征提取，完成车辆的运行数据统计分析、故障预测诊断及健康管理，实现车辆的全寿命周期健康管理和车辆的状态修；利用物理信息化技术（CPS）获取实景数据（Site Data），通过实景大数据驱动下的数字化虚拟仿真建模技术与增强现实技术（AR）建立城市轨道交通列车的数字化模型并进行可视化，实现列车实景运行状态的实时虚拟观测与分析。列车实景再现通过对列车结构与系统设备在实际线路上的实景运行状况进行比对分析，为列车系统安全、全寿命服役能力保持与运维保障提供技术支持。

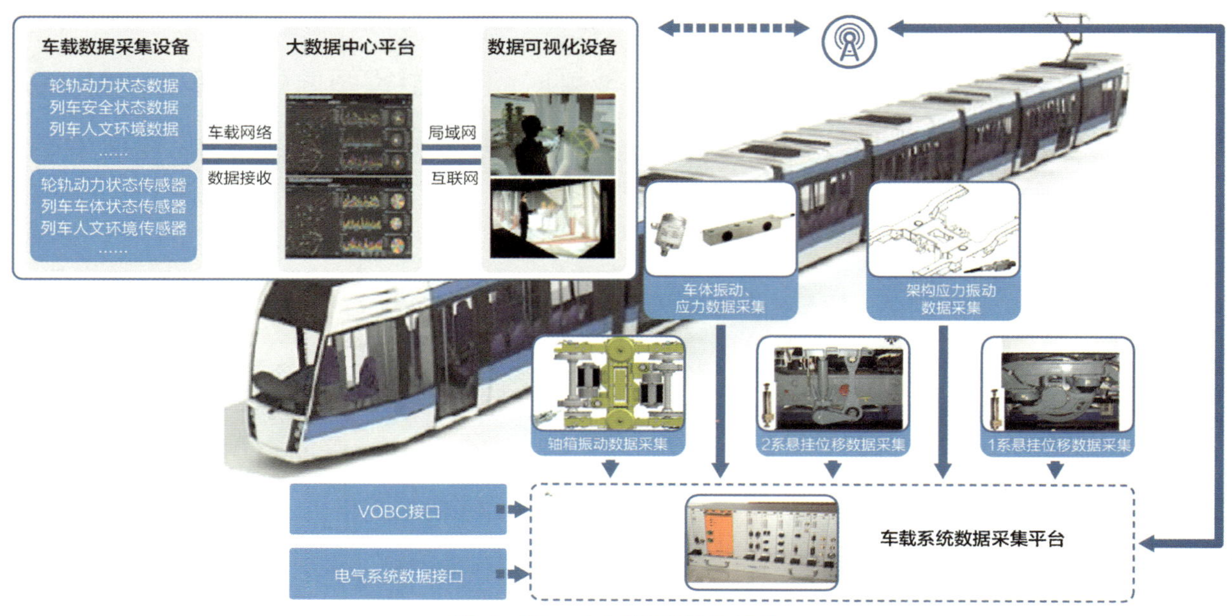

图 5-35　车辆智能运维系统

车辆段方面，采用自动化设备，如全自动洗车设备、列检机器人、自动导引运输车（AGV）物流输送设备、智能扭力系统、智能工作台、助力吊装搬运设备、机器人智能拆装清洗检修装备、机器视觉自动检测设备、分拣机器人等，实现设备自动维修、材料和部件自动输送、工具设备使用过程可记录、整备检查可视等，相比传统检修模式可减少 20% 的检修人员。

轨道线路方面，一是采用智能轨道巡检，在轨枕位置同步对轨道断面进行高清图像动态采集，利用机器视觉中深度学习的算法识别扣件缺陷、检测钢轨及轨枕裂纹、轨道异物、轨枕破损等，达到提高线路巡检效率、节约运维成本的目的；二是应用激光测距、视频分析等技术，实时监测锁舌、缺口等道岔关键参数，对道岔进行功率曲线人工智能识别、健康状态预警等，实现道岔设备状态监测及预警。此外，采用轮轨振动检测，通过位于轴箱等部分的加速度和诊断传感器对运行列车轮轨振动情况进行监测，监测数据接入专家分析系统进行轮轨振动状态分析，预测轨道的健康状态；结合专用轨道探伤检测及轨道位移、轮轨关系、轨道波磨和温度检测装置，形成轨道安全状态六维图综合评估体系，如图 5-36 所示。

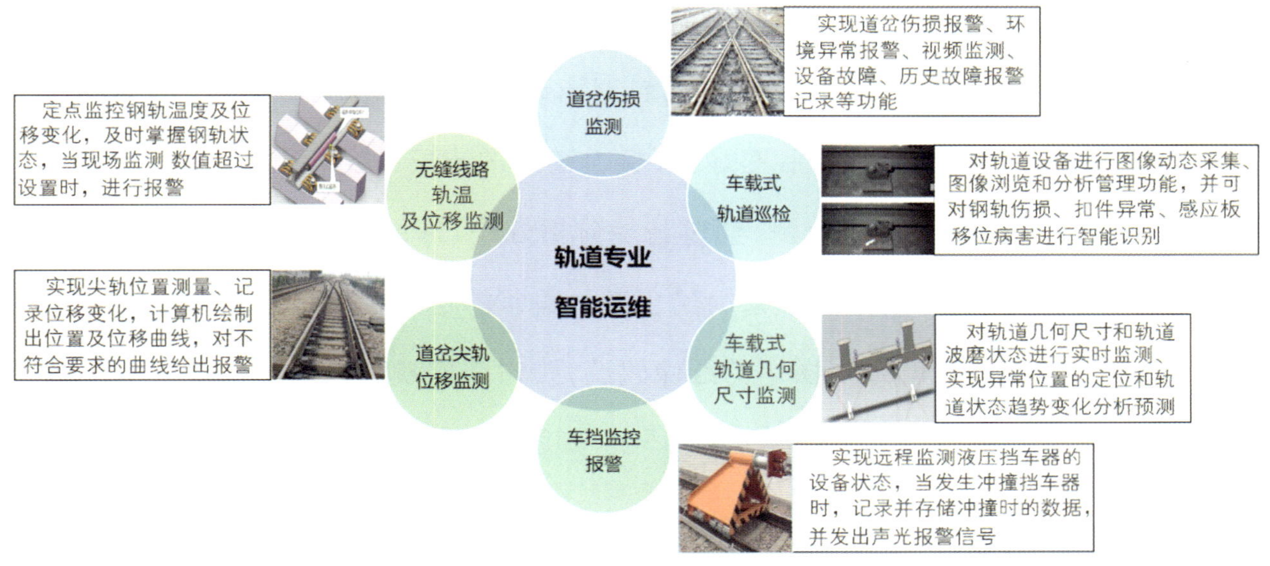

图 5-36　轨道智能运维系统

信号系统方面，基于实时在线监测技术和大数据分析技术搭建运维保障管理平台，开展基于通信的列车自动控制系统（CBTC）信号系统功能、软件、硬件、性能仿真，信号运维一体化综合管理，信号系统可靠性评估等技术研究，实现计划修到状态修的运营模式转变，对信号设备全寿命周期进行科学管理，降低运维成本。

供电设备方面，采用状态智能监测技术，通过在供电设备上安装局放、油色谱、压力、微水、密度等智能传感器，建立供电设备服役状态智能监测网，结合历史运行数据及经验建立设备服役期健康状态综合评估方法与评价体系，动态评估设备服役期的健康状态，确保系统运行安全，并简化检修流程，实现设备状态修。

信息交互主要体现在站台门方面，采用智能型驱动控制单元（DCU）、增设相关传感器监测设备等方式对站台门电气部分和机械部分的关键部件、系统运行状况等进行在线监测，发出快速、准确的故障报警。通过智能数据分析，判断设备、部件的磨损度及健康状态，形成故障预警机制。通过全寿命周期管理技术，形成准确的线网级站台门运营维保建议，并对其采购决策提供技术支持，从而营造安全、可靠的乘车环境。

车站设施主要体现在自动扶梯方面，针对自动扶梯关键部件（包括电机、减速器、主驱动链、梯级链张紧轮、驱动底座螺栓、梯级链异常伸长、扶手带等）设置各类传感器，进行振动、位移或温度等监测，通过智能分析处理、提取相应部位的特征信息，构建专家系统的“扶梯专用诊断图谱”，给出部件异常的信息预警。通过全寿命周期管理技术，形成准确的线网级扶梯运营维保建议，并对扶梯及其关键部件的采购决策提供技术支持，从而营造安全、可靠的乘车环境，如图 5-37 所示。

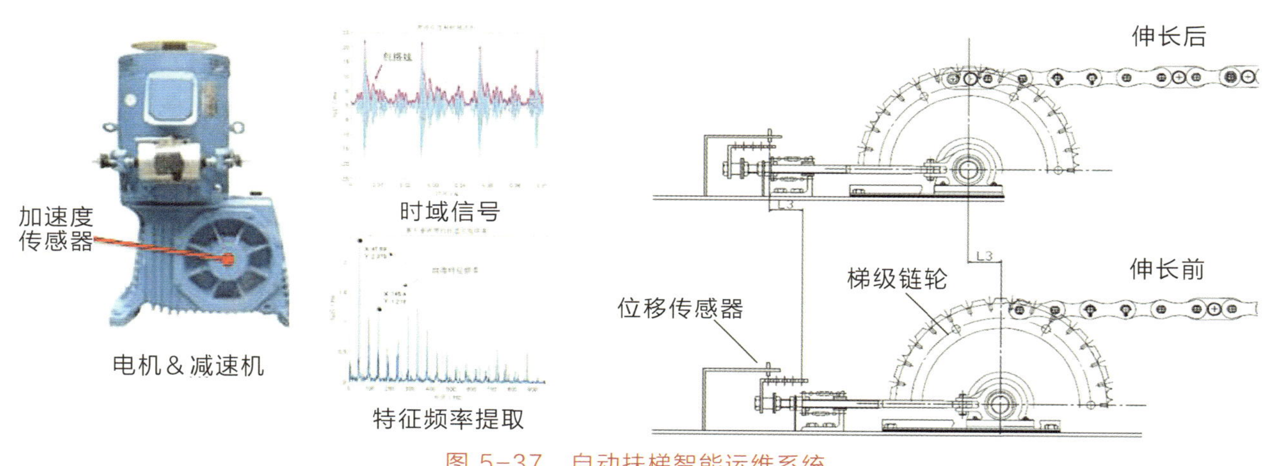

图 5-37　自动扶梯智能运维系统

5.8　智慧地铁功能等级

针对国际、国内轨道交通工业自动化和信息化融合程度的现状水平，对标行业智能化技术发展趋势及业务需求，制订智慧地铁功能等级划分表（表 5-1），作为智能化演进过程中功能等级进阶对照检查的依据。

智慧地铁功能等级（Grade of Smart Metro）划分　　　表 5-1

序号	业务分类	子项	功　能		一级 Gos 1	二级 Gos 2	三级 Gos 3	四级 Gos 4
1	乘客服务	票务服务	多样式票种	实体电子票务	√	√	√	√
2				互联网电子票务		√	√	√
3				基于生物特征识别的票务			√	√
4			便捷票务通行	进出闸支付通行	√	√	√	√
5				一站式票务安检快速通行		√	√	√
6				现场设备虚拟化的无感通行				√
7			区域间计费方式	区域间独立计费	√	√	√	√
8				区域间联乘计费			√	√
9			票务处理	现场辅助处理服务	√	√	√	√
10				线下车站现场票务自助处理服务		√	√	√
11				线上 App 票务自助处理服务			√	√
12			票务数据应用	票务收益自动监控		√	√	√
13				票务数据深度挖掘			√	√
14		资讯服务	乘客咨询服务	现场站务乘客服务	√	√	√	√
15				后台网络化集中式乘客服务		√	√	√
16				现场自助“一站式”乘客服务		√	√	√
17				车站人员快速“响应式”服务		√	√	√
18				服务质量有效监控		√	√	√
19			乘客资讯信息服务	线下站内终端乘车资讯信息显示	√	√	√	√
20				线上 App 乘车资讯信息查询		√	√	√
21				乘客属性的精准挖掘定位			√	√
22				“主动式”服务信息精准推送			√	√
23		客运组织	行车－客运自适应联动	线网运能供需匹配联动			√	√
24				网络联动的客流管控			√	√
25				客运信息动态诱导		√	√	√
26				车站客运设施场景联动控制		√	√	√
27		生活服务	乘客增值服务	大众化乘客增值信息服务		√	√	√
28				个性化乘客定制增值信息服务			√	√

续上表

序号	业务分类	子项	功能	一级	二级	三级	四级
				Gos 1	Gos 2	Gos 3	Gos 4
29	行车组织	客流精准预测及监测	线网客流滚动精准预测			√	√
30			列车内客流实时监测和预警		√	√	√
31			车站区域客流实时监测和预警		√	√	√
32		运能精准动态分配	行车间隔实时调整		√	√	√
33			行车交路动态调整			√	√
34			列车编组灵活配置				√
35		多样化的行车方式（按需）	快慢线运行		√	√	√
36			区域内开行跨线运行			√	√
37			实现 24h 运营			√	√
38		自动运行	实现 GOA2 功能	√	√	√	√
39			实现 GOA3 功能		√	√	√
40			实现 GOA4 功能			√	√
41	调度指挥	高效调度指挥	多专业联合综合调度指挥		√	√	√
42			一体式信息报送		√	√	√
43			智能化调度处置			√	√
44		精准调度决策	各类信息智能化收集	√	√	√	√
45			线路全局资源可视化		√	√	√
46			应急处置方案动态智能生成			√	√
47			应急处置方案实时纠偏			√	√
48			智能化线网资源优化配置			√	√
49	车站管理	全息感知安全管理	人员行为智能监管			√	√
50			设备安全智能监管		√	√	√
51			施工安全智能监管			√	√
52			环境安全智能监管	√	√	√	√
53		灵活适配服务管理	智能环境控制	√	√	√	√
54			智能电子导向指引		√	√	√
55			车站流线仿真			√	√
56			线网拥堵诱导			√	√
57		移动便捷内部管理	设备集成化管理	√	√	√	√
58			区域集成化管理		√	√	√
59			站务移动化运作		√	√	√
60			车站自动化巡视			√	√
61			门禁智能化管理	√	√	√	√
62			办公无纸化运作	√	√	√	√

续上表

序号	业务分类	子项	功　能	一级 Gos 1	二级 Gos 2	三级 Gos 3	四级 Gos 4
63	运营维护	智能运维	面向多对象的主动型全域感知	√	√	√	√
64			电子化规范流程		√	√	√
65			设备自主运维、人机运维多式联动			√	√
66			场景化智能维修决策			√	√
67			全寿命周期的健康管理			√	√
68	安全保障及应急处置	智慧安检	网络化安检信息集成		√	√	√
69			集中判图		√	√	√
70			智能判图			√	√
71			人物分检	√	√	√	√
72			人物同检				√
73		集成化智能安全管理	安防信息集成及管理	√	√	√	√
74			全覆盖智能化视频监控			√	√
75			地保智能巡检			√	√
76			城市轨道交通运行环境智能监测		√	√	√
77			智能化消防安全管理		√	√	√
78		网络化应急处置	智能应急监测及预警		√	√	√
79			智能灾情研判			√	√
80			精准应急处置			√	√

智慧地铁功能项目选取主要以业务需求为主导，划分为乘客服务、行车组织、调度指挥、车站管理、运营维护、安全保障及应急处置 6 大类业务，其中乘客服务业务细分为票务服务和资讯服务等子项，以区别服务属性。功能项目细分为 80 项，归类为 22 类。智慧功能划分符合全面性、代表性原则，并体现等级可区分性、可获得性、可比性的特征，基本涵盖地铁领域智能化需求实现的功能，具备轨道交通行业典型应用场景的特点。该功能等级划分表具备可扩展性，适应人工智能技术发展的迭代、演进、升级的进程。

智慧地铁功能等级（Grade of Smart Metro）划分为 4 级（Gos1、Gos2、

Gos3、Gos4)，其中 Gos1 为基础水平级，代表现代轨道交通的工业自动化水平；上位等级智慧功能兼容下位等级功能，体现轨道交通智能化技术演进迭代的进程。对便捷出行行车组织功能类中，长大线路实现快慢线运行、区间内开行跨线运行、关键线路实现 24h 运营等功能项目，不属于智慧地铁功能，但对运营服务质量具有重要影响，在该功能等级表中列为功能可选项。

第 6 章

智慧出行

构筑都市生活平台

城市轨道交通有其天然的优势，其巨大的集聚与扩散效应，使其已然成了城市生活的脉络，可以说，城市轨道交通重建了城市生活要素的集合秩序，使得各种社会资源的使用更为高效。为精准对接轨道交通线网每日数以百万乃至千万计乘客的多样化服务需求，新时代的广州轨道交通将以乘客出行生活要素为驱动，打造全智慧型的出行增值服务链，构筑都市生活平台，把车站从城市交通枢纽转变为都市生活枢纽，把线网从城市交通走廊转变为都市生活走廊，打造地上地下整合联动的城市轨道交通“轻生活”生态圈。

6.1 多制式融合协同

城际铁路、市内轨道交通、有轨电车及其他胶轮运输系统在内的多种制式轨道交通的融合协同主要体现在**一张网融合、一票制通达、一点式安检、一站式服务** 4 个方面，如图 6-1 所示。

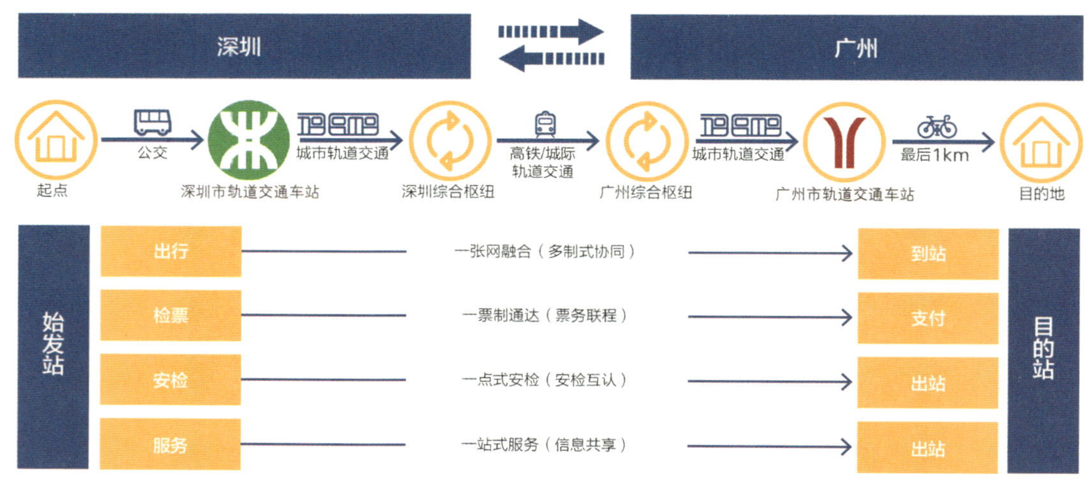

图 6-1　多制式融合协同场景示意图

一张网融合方面，在构建大湾区现代化综合交通运输体系的背景下，以“零距离换乘、无缝化衔接”为目标，加快推进各级轨道交通网络的互联互通，完善“点 - 轴 - 网络”多层级的区域交通体系，形成多网一体化运作，广覆盖、高集约的市域公共交通骨架，引导区域产业、人口流动，以支持城市发展战略，最大限度地为乘客提供高效便捷的出行体验。

一票制通达方面，在多网协同运营的轨道交通线网范围内，乘客通过网站、手机 App 及线网车站的全自动售票机（TVM）购买一张从起点站到目的地站点的实体车票或电子乘车凭证后，即可在需要乘坐的各条线路之间换乘，该联程票可乘坐包括城际铁路、市内轨道交通线路、有轨电车及其他胶轮运输系统在内的多种制式轨道交通，系统后台自动完成多制式线路间的连续计费结算，实现“一票联乘”，扩大市民空间活动范围，促进便捷出行，同时加速区域融合，加强大湾区城市群间的联系。

一点式安检方面，乘客当前采用城市轨道交通方式前往区域枢纽站乘坐高铁、城际列车，须经过城市轨道交通、城际、国铁多重安检。在多网融合的背景下，全网范围内的重点车站安检流程将优化整合，按照安检互信、便捷换乘的原则，持有本市轨道交通有效乘车凭证的乘客，均只需通过一次安检即可乘坐相应班次的列车，最大程度提升乘客出行的便捷性。

一站式服务方面，利用多网协同的优势，整合网络中优势资源，通过与城市规划有效结合的枢纽综合开发，打造新集聚中心。通过站点外部衔接的快速轨道交通干线、站点内部便捷的走行通道以及在站点周边设立的安全独立慢行系统的连接，真正实现在枢纽内多种交通方式的无缝衔接及零距离换乘。乘客出行前可通过网站、移动客户端提前了解目的地周边的餐饮、娱乐、酒店、停车位并进行预约，从而更加合理地规划自身出行时间，制订精准的个性化交通解决方案。

6.2 全程服务精准便捷

新时代的城市轨道交通借助互联网、云计算、大数据、物联网等技术，运用图像、音频、视频等将各种交通信息进行共享，参考城市轨道交通服务信息的标准，建立大交通互联互通后的出行服务信息对接，为乘客提供轨道交通出行前、中、后和站内、站外的全过程、多维度、全息化的精准便捷服务，如图 6-2 所示。

图 6-2 面向乘客的精准便捷服务示意图

出行前，乘客可应用互联网技术，通过地铁 App 站外导航引导功能，向城市轨道交通出入口行进，同时可利用互联网载体在线客服功能，与城市轨道交通后台客服代表进行在线咨询沟通，获取相应服务信息。普通乘客可通过地铁 App 查询车站安检排队预时、客控拥挤度、出行路径等，以便精确评估个人出行方式及时间。通勤乘客还可以享受地铁 App 主动式推送服务，获得上下班预时、路径拥挤度等提醒信息。

出行中，乘客可随时使用多种智能客服设备，通过自助操作或后台客服互动沟通，解决包括出入口、进站、购检票、候车、换乘等不同阶段的客运、票务、资讯服务需求。

进站阶段，乘客可在信息资讯屏查看站内及列车拥挤度，以便对站内情况进行基本知悉；智能视频实时获悉乘客信息，为乘客精准服务提供数据支撑；利用物联网技术联动各类车站设施及信息发布设备，为乘客提供客控模式下自适应设备调整及统一的信息诱导服务；购检票时，为乘客提供多元化购票及“无感”支付票务服务。

候车阶段，乘客可观阅各类资讯信息载体发布的列车信息，如到站时间、车厢拥挤度等；城市轨道交通通过精准的客流预测及行车交路、行车间隔、列车编组的动态调整，按需提供灵活的客运服务，满足乘客舒适的乘车出行需求。

乘车阶段，乘客可通过车载信息资讯屏等获取到站周边信息显示及特殊信息，如机场航班、高铁班次、景点介绍及大型活动等；换乘时，乘客可通过咨询信息屏、智能导向等换乘引导，获取最短换乘、舒适换乘、大行李及特殊乘客电梯换乘等信息，实现按场景模块化实时调整指引方向。

出行后，乘客出站时可通过资讯信息、手机 App 及智能客服设备，查询车站周边及“轻生活”信息，例如交通接驳、地图查询、“轨道交通 +”服务，实现“轨道交通 +”物业、“轨道交通 +”商业、“轨道交通 +”味蕾、“轨道交通 +”景点、“轨道交通 +”购物等站务生活服务。

6.3　高效灵活运营管理

高效灵活的运营管理场景覆盖轨道交通线网运营多个领域、多个维度，包括**高效调度指挥、突发应急处置、灵活车站管理、设备设施智能运维**等，如图 6-3 所示。

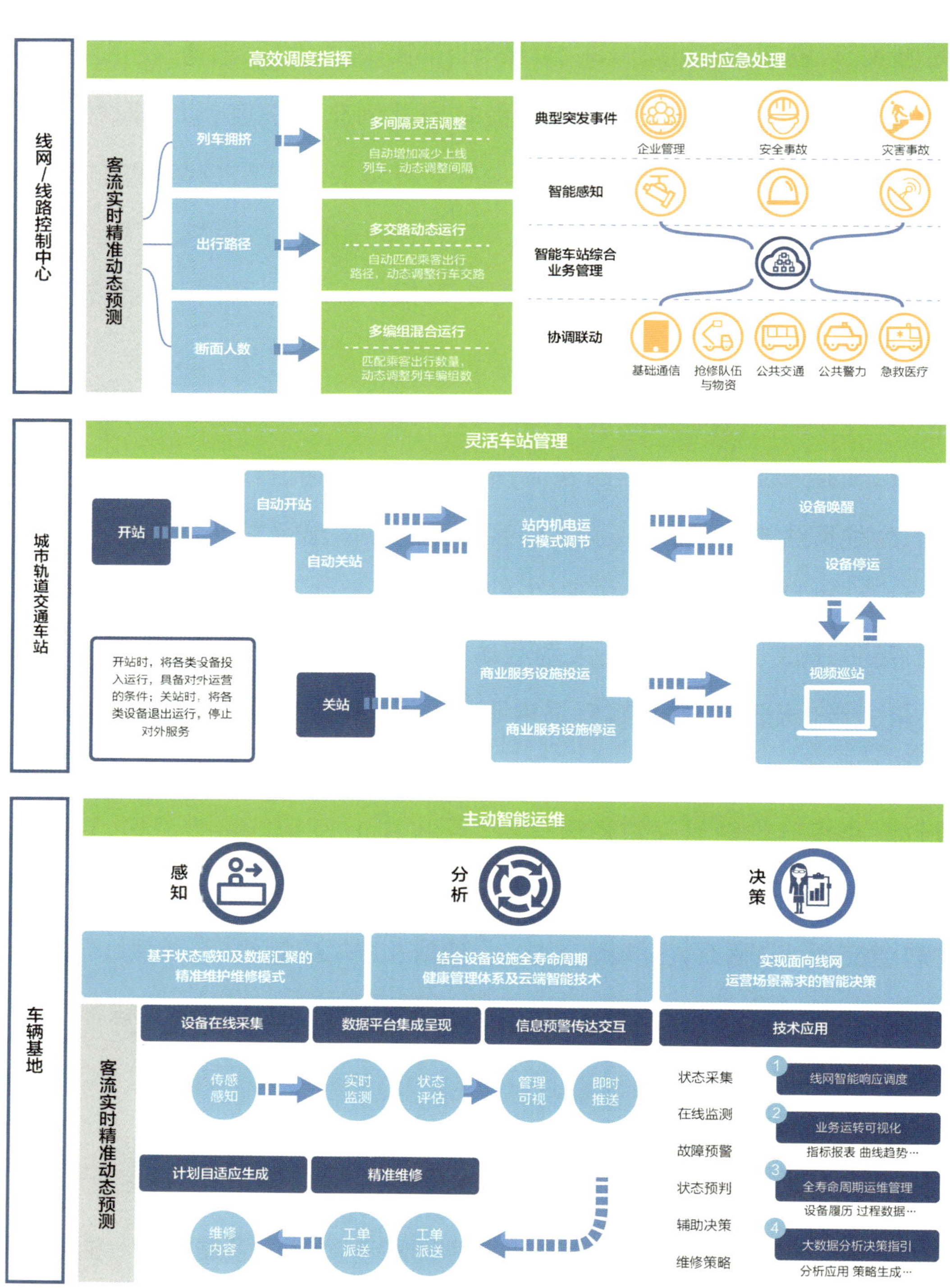

图 6-3 面向运营的高效灵活管理示意图

高效调度指挥务求精准、高效。

首先，根据广州市周边接入广州轨道交通站点的乘客出行、道路、公共交通等实时数据变化，以及广州市内轨道交通的客流变化，基于城市道路公路数据、手机信令数据、互联网数据、全球定位系统（GPS）数据、信息卡（IC）数据等多维度大数据分析和挖掘，进行精准的客流预测；其次，根据客流预测数据智能生成计划运行图，并灵活设置交路，实现小交路、“Y”形交路、快慢车交路、双向不平衡运输等多种运营组织方式，期间在单条线路出现客流拥堵时，线网应能够调整其他相关线路的运营，并做好乘客诱导。同时，线网应根据乘客起讫（OD）出行路径、相关线路的运输能力进行相应的匹配，为线网生成新的计划运行图给予决策辅助支持，实现线网运输能力的精准投放，客流与运能的供需匹配联动。此外，面对突发大客流或突发事件时，可为智能调配线网运行交路提供数据支持，同步调节站内智能导向和照明，利用车站多媒体进行信息发布，辅助疏导车站客流，形成预警 / 告警信息，通知车站管理人员按应急预案进行现场处置。

突发应急处理务求协同、联动。

具体包括乘客事件协同处置与突发事件协同联动两个方面。

乘客事件处置方面，要实现智能感知的乘客事件处置模式。即针对突发事件如安检异常、站台门夹人、乘客在扶梯上摔倒等，通过视频分析、智能传感等感知手段，及时触发警报信息，提示站务人员进行处置。同时，系统根据事件类型触发相对应的应急预案，联动相关部门进行处置。

突发事件处置方面，实现协同联动的应急疏散与公交接驳模式。即在各类极端气象或火灾灾害发生时，可通过先进的探测器或传感器，结合外部气象数据的接入、大数据平台的预测分析等手段进行及时预警；预警产生后，系统应启动相应的应急预

案，各系统按预案自动执行相关联动，同时通知相应部门进行现场处置，如公交接驳等，并将处置和现场情况及时上报上一级管理部门。

灵活车站管理务求区域化、无人化。

即通过构建全息感知、自动适配人员、设备自动化监控的车站管理模式，提高人力利用效能，实现区域值守、无人值守的运作。具体来说，就是要实现设备的智能联控、车站服务的全境管理两方面。

设备的智能联控使城市轨道交通车站可以自动开启出入口，联动视频进行智能巡站，同步唤醒各类服务设备设施并自动检测运行状态，自动调节调整照明模式、环控模式，确保全站进入运营服务状态，生成开站日志推送至车站、控制中心。

车站服务的全境管理主要采用基于区域化和移动式的综合业务管理，由中心车站对所辖区域各站进行远程监控及设备操作，车站人员可通过移动终端对客运服务、设备运行状态、安全设备设施等进行综合管理。

设备设施的智能运维务求主动、智能。

按照面向结构、运输、交互、配套的功能表征，将设备设施分为基础结构类、行车运输类、信息交互类和车站设施类，依托基于云计算、大数据的城市轨道交通智能运行系统平台，在感知、分析、决策阶段采用在线监测、故障诊断和预测、数据融合、专家分析决策、全寿命周期管理等智能技术，综合构建全面感知、响应交互、主动介入、决策定制的智能运维模式，并实现前台、后台、仓储的共建互联，打造设计分配、建设实现、运营维持的引馈联动模式。

第 7 章

共建共享

推动产业协同发展

轨道交通产业具有行业关联度高、技术资金密集、市场潜力大的特点，是未来要突破发展的重点领域。作为湾区规模最大的城市轨道交通主体，乃至未来珠三角城际铁路线网运营的主体，广州市具有良好的承担统筹一体化发展的条件和基础。在此背景下，推进广州市轨道交通产业高质量发展，不仅能加速城市间互联互通，促进轨道交通可持续发展，还能更好地适应广州“湾区中心城市”的新定位，支撑广州“综合交通枢纽”城市的建设，推动城市结构升级和经济社会发展，成为践行“四个走在全国前列”指示精神的重要举措。

7.1 轨道交通产业发展形势

未来轨道交通产业的市场规模与潜力是巨大的。**国外层面**，国外轨道交通起步较早，各类大型城市已逐步形成了以城市轨道交通为主，多种轨道交通制式并存的新型交通格局，但也存在一定的差异，发达国家远期规划将着眼于部分轨道交通线路的局部调整与优化、技术创新及设备改造等，无大规模的建设需求，而发展中国家的轨道交通需求较大。**国内层面**，我国轨道交通行业整体处于快速发展期，根据“十三五”线网规划，到 2020 年，国内城市轨道交通运营里程预计将突破 8000km，投资规模超 4 万亿元，是未来全世界最大的城市轨道交通市场。**区域层面**，随着打造“轨道上的湾区”建设进入实质性阶段，打造湾区 1h 生态圈的建设也进入快车道。据不完全统计，除香港、澳门外，其余城市的城市轨道交通规划里程超 2000km，城际里程合计超 1400km。此外，还存在庞大的线网运营维保与服务应用需求。

2018 年，国务院办公厅发布了《关于加强城市快速轨道交通建设管理的通知》（国办发〔2003〕81 号），城市轨道交通建设门槛大幅提高，二三线城市轨道交通建设总体需求萎缩，客观上带动行业资源从增量市场向存量市场倾斜，进而带动存量市场从“量变”逐步转向“质变”。**除技术逐步向“数字化、智能化”方向发展外**，未来轨道交通产业发展还将呈现四大趋势：

多种轨道交通制式共同发展。未来轨道交通建设布局中，我国城市将根据不同区域交通的需求特点，因地制宜选择不同的轨道交通制式，制式结构趋于优化，逐步形成以城市轨道交通为主、多种轨道交通制式并存的新型交通格局。

网络化运营成为必然趋势。随着城市规划圈层式发展，网络化运营将是必然发展趋势，且随着大湾区、京津冀等城市群互联互通而提上日程，不同区域之间不同制式轨道交通的互联互通技术和运营服务模式将获得更多关注。

整合型一体化集成服务要求提高。轨道交通运营企业逐渐向一体化管理模式发展，即从运营维护单一业务功能向多元化经营转变，成为集城市轨道交通“投融资、建设、运营、资源经营与开发”多位一体的服务提供商。

融资渠道多元化与经营市场化。为缓解投融资能力不足与发展需求快速增长的矛盾，我国已初步形成了“政府引导、社会参与、市场运作”的投资格局，政府积极鼓励社会资本进入轨道交通领域，通过市场化竞争，提高城市轨道交通运营效率和投资收益。

经过 20 多年的培育，目前，广州市已经形成了相对完整的轨道交通产业链，产业发展基础良好。

初步形成覆盖规划设计、建设施工、装备制造、运营及增值服务的全产业链布局。利用广州地铁集团在轨道交通产业集群中的主导优势，发起成立了广州轨道交通产业联盟，目前已凝聚了 47 家会员单位，涵盖规划设计、建设施工、装备制造、运营与增值服务等产业链上中下游各领域。期间，产业联盟充分发挥资源整合的优势，参与组建了广州轨道交通产业发展投资基金，联合国家工程实验室成功引进了中国铁道科学研究院集团有限公司、成都运达科技股份有限公司、北京鼎汉技术股份有限公司、维机轨道交通科技有限公司等行业领先企业投资落地。在“十三五”规划线路机电设备招标采购模式上实施了创新，采用“设备采购 + 运维服务”的创新模式，引导供应商投资落地并扩大产能，逐步培育壮大一批包括广州广电运通金融电子股份有限公司、广州白云电器设备股份有限公司、广州新科佳都科技有限公司等在内的广州本土机电设备制造企业；联合本地轨道交通重点企业携手拓展市场，近期已中标南昌地铁 3 号线政府与社会资本合作（PPP）项目、丽江城市综合轨道交通 1 号线设计、采购、施工模式（EPC）等项目，累计中标额接近 100 亿元。

已建成城市轨道专业领域的国家工程实验室，构建了基于运营实景的实验研究能力和技术服务能力。采取“1+7+*N*”创新建设模式，广州地铁集团联合北京交通大学等 7 家成员单位和 61 家参建单位，形成涵盖高校、科研院所、企业等各领域于一体的科研创新集群。历时 4 年，顺利完成了“城市轨道交通系统安全与运维保障国家工程实验室”的建设与验收。目前，国家工程实验室聚焦设备设施服役安全、客流与环境安全、综合安全与运维保障 3 个研究方向，已建成 6 大类 14 个专业研究平台，形成了包括列车核心设备状态实时监测、专业设备设施检测及测试、监测数据分析评估和预警、多专业系统仿真验证、大数据存储与云计算服务以及乘客安检、隧道火灾防控技术等在内的 6 类实验研究能力，初步具备了面向运营的设备维修策略均衡优化与运能精准投放能力评估、面向建设的新线设计预评测、面向厂家的新产品可用性评估与检测、面向行业的标准制定与产品准入能力评测的 4 个领域、14 项专业检测能力及 16 项技术服务能力。

以广州城市轨道交通为核心，构建了涵盖规划、设计、建设、运营、经营等多领域一体化整合型集成服务平台。经过 20 多年的发展，广州地铁集团在一体化管理方面积累了丰富经验和人才储备，实现了资源整合、管理协同，形成了“设计服务建设、建设服务运营、运营服务人民”的价值体系，获得了综合效益最大化。期间，形成了强大的知识输出能力，广州地铁集团的设计、监理、咨询业务遍及北京、深圳、南京、西安、昆明等 30 多个城市和地区，累计为 100 多家单位提供人才培养服务，2018 年经营收入合计 17.51 亿元；积累了丰富的互联互通运作经验，已建成运行的轨道交通广佛线，是打破行政壁垒、实现广佛同城的典范，目前正依托 PPP、共建、代建等项目模式，逐步参与佛山、顺德等地的轨道交通项目建设与运营。

但纵观全国轨道交通产业发展水平，广州市轨道交通产业的整体实力还不够突出，竞争优势不明显。主要体现在 3 个方面：

产业协同效应发挥不充分，集群效应不明显。广州虽已形成了一定的轨道交通产业集聚，但产能仅局限于市域范围内，对外抱团拓展市场力度不够，加之目前支撑产业发展的公共服务平台建设相对薄弱，各企业间信息互通和资源共享程度较低，产业集成联动效应表现不充分。

缺乏轨道交通装备制造龙头企业，创新能力不足。装备制造业产值占全产业链总产值的 30% ~ 35%，但广州市轨道交通装备制造产业产值比例远低于全国平均水平，差距约为 10%，以整车及关键零部件、系统集成板块表现尤为明显，其中，整车制造环节目前自主研发的技术仅有牵引变压器、列车空调系统等非核心的零部件制造技术，车体及其他关键零部件制造等高新技术领域基本空白；系统集成环节整体自主创新能力不够，尤其是在智能型的综合运维服务能力建设方面。

缺乏高层次、高等级的科研院所，成果转化率偏低。从目前的布局来看，广州本土的中山大学、华南理工大学等高等院校虽设置了交通运输专业，但多以公路交通为主，轨道交通领域的特色学科设置偏少，导致本地基础科研能力薄弱，虽有国家工程实验室做支撑，但不足以形成高端人才集聚效应。同时，受产学研用体制机制不健全不完善的影响，科研创新成果落地难、转化率偏低。

7.2 轨道交通产业发展策略与举措

轨道交通产业的发展策略是以新时代广州轨道交通体系建设和粤港澳大湾区发展为契机，依托**国家级科研机构和广州轨道交通产业联盟**两大抓手，以“**智能建设、智能装备、智慧服务、检测认证**”为重点突破口，打造一套集**科研创新、场景应用、产品孵化、协同拓展于一体的**全链条产业创新发展平台，培育新增长点，形成产业新动能，提高产业核心竞争力和持续生命力，助推轨道交通产业做大、做强、做优。

实施“三步走”的战略目标部署。

到 2021 年，轨道交通产业创新能力取得突破性进展，智慧服务与智能装备领域取得突破性进展，奠定全国领先的产业创新中心地位，助力广州市轨道交通产值跨越 1200 亿元。

到 2023 年，自主研发能力居全国领先水平，智能建设、检测认证等增值服务领域的技术实现全国领先，推动轨道交通产业整体转型升级，助力广州市轨道交通产值达到 1800 亿元。

到 2025 年，全智慧型轨道交通产业生态链基本健全，成为国际知名的轨道交通设计咨询、工程建设、装备制造和运营维护的智能基地，并将产业逐步拓展升级至智慧城市领域，助力广州市轨道交通产值突破 2000 亿元。

要实现上述宏伟目标，必须采取强有力的发展举措。

首先，必须重点发挥国家级科研机构的行业引领作用。对接新时代城市轨道交通体系的发展趋势与发展目标，以**技术研发与创新孵化**为核心，聚焦**软实力与硬资源两大领域，打造四个创新平台，重点突破四大产业**，挖掘以轨道交通为核心的产业链纵深与幅宽，最终打造一套集**技术研究、产品研发、产业孵化于一体的科研创新孵化体系**，引领和带动轨道交通行业持续健康发展。具体发展举措包括：

打造四个创新平台，培育科技创新软实力。一是打造行业优秀研究资源的聚合平台。即以行业需求为引擎，整合产业链优势资源，通过重大项目合作、联建分实验室、共同产业培育等形式，吸引行业领先的高校、设计院、研究机构、装备企业以及高端科技人才，共谋技术创新和产业发展。**二是打造前沿技术和创新成果的交流平台。**即发挥创新引领和需求引领作用，策划举办院士讲堂、高峰论坛、新技术讲座、新产品发布等活动，提高技术交流的活跃度，扩大行业影响力，并借助广州地铁集团场景应用示范与业务辐射的优势，促进行业应用。**三是打造科技成果的实景验证平台。**即在现有的国家工程实验室 14 个研究平台的基础上，对接行业发展重点，扩充建设节能、电扶梯等研究平台，深化研究并建设基于运营实景和 5G 宽带移动通信网络技术的智能运维、智慧服务业务标准建立、检测评估和能力验证实验的平台，为实景验证提供高速、宽带的骨干数据通路。**四是打造科技成果产业孵化平台。**即充分发挥广州地铁集团在国家工程实验室建设中的主导优势，以及需求与供给深度充分对接的平台优势，挖掘产业机会，从技术创新源头抓起，培育行业领先技术、区域空白产品技术成果，为成果孵化提供产业培育支持。

重点突破四大产业，培育产业硬实力。一是以智能建设为突破口。重点开展轨道交通数字化建设与工程全生命周期管理技术的研发，聚焦预制装配式地铁车站拼装技术、基于 BIM 的装配式施工精细化管理技术、盾构施工无人化智能掘进技术等 3 大领域，实现施工全过程的设计数字化、制造模块化、控制智能化和管理网络化，形成智能化施工体系的核心产业支撑能力；同步开展路基防排水技术、新型支架结构、高边坡加固技术的研究，完善路基、新型桥梁结构监测评估技术；完善隧道施工技术体系，既有地铁加固技术；完善施工工程技术体系，突破施工工程技术难题，强化传统施工产业的竞争实力。预计年均新增产业规模 100 亿元以上。**二是以智能装备为突破口。**重点开展下一代城轨列车核心智能装备研发，聚焦高效混合磁阻永磁电机及牵引系统、高功率城轨车辆中频变流辅助电源、高效环保空调机组、具有运行状态自感知能力的车门系统等 4 个领域，助力车辆核心装备的本地化布局，预计年均新增产业规模 10 亿元以上；同步开展以列车全自动运行为发展主线的智慧型装备研发，聚焦基于智能感知的信号系统及智能维保平台、列车智能运维系统及关键装备、供电系统全寿命周期管理系统、具备异物检测能力的拼装式站台门系统等领域，形成全自动运行体系的核心装备产业支撑能力，预计年均新增产业规模 20 亿元以上。**三是以智慧服务为突破口。**重点研究轨道交通大线网数据互联互通、场景化构建、乘客主动服务等方面的创新引领技术，打造行业领先的轨道交通业务支撑平台与智慧服务集成体系，推动形成基于场景应用的智慧安检与安防相关产业的本地化供给能力，全面提升轨道交通乘客服务、运营运维、经营管理的能力和效率，预计年均新增产业规模 30 亿元以上。**四是以检测认证制为突破口。**借助广州地铁集团在多元支付方面的先行先试优势、行业领先的服务品质管控和运营安全管理经验，重点筹备组建城市轨道交通检测认证公司，一方面从自动售检票系统关键设备检测检验与评估服务入手，逐步向屏蔽门等机电产品检测发展；另一方面构建以服务认证为中心的系列检测认证体系，打造检测认证服务集群，力争实现我国在城市轨道交通服务认证方面零的突破。

加大“扶强、补短、创先”力度，扩展产业链纵深与幅宽。扶强的关键是保障广州市已有的优势企业保持或扩大竞争优势，期间将帮助本地企业先后改善其站台门相关系统对全自动运行的适应能力，提升设备设施智能监测水平和全寿命周期评级标准，改进盾构机制造工艺及施工工法等。**补短的关键是聚焦车辆制造业**，计划与产业联盟相关企业开展高磁组永磁电机、中 / 高频列车辅助电源、新型列车车门的本地化生产和维修等方面的合作。**创先的关键是加快推进创新落地项目实现产品量产化**，未来将辅助做大做强城市轨道交通信号系统产业，包括向全自动运行系统的能力演进和智能运维能力的完善，助力相关企业成为具有行业竞争优势的系统提供商；大力支持列车智能运维系统方面的设计开发和产品上线测试，以先行先试加快成果完善，以优良品质占领并保持细分市场龙头地位；推进城市轨道交通运营企业服务标准体系建设，通过制订标准、推行认证试点，完善体系，培育首个城市轨道交通服务认证企业。

其次，必须强化产业联盟纽带作用。以“**平台搭建、协同创新、激励机制**”为重点突破口，贯彻“**谋规划、强基础、促创新、推落地、拓市场**”的发展思路和“**两项规划、三套机制、一个平台、一个基地、三大市场**”的发展举措，整合、培育并壮大轨道交通产业集群，促进产业链上下游企业融合发展，打造轨道交通产业紧密协作的产业价值生态圈，同步探索形成典型示范、推广应用、产业外拓的产业化发展道路，助推广州市轨道交通产业高质量发展。具体发展举措包括：

谋划两项规划，明细产业发展的方向与路径。战略层面，重点围绕湾区轨道交通一体化融合发展，研究并制订《粤港澳大湾区轨道交通产业协同发展规划》，统筹规划，全面布局，明确大湾区发展背景下广州市轨道交通产业协同发展的战略定位与产业布局，重点关注城际互联互通产业发展的方向与路径，有的放矢地推动广州市轨道交通产业从“轨道交通 +”向“轨道交通 + 城际铁路 +”融合方向发展。**实施层面**，重点以支撑内部核心主业服务保障为出发点，结合绍兴、南昌 PPP 项目等运作经验，整合内外部产业链资源，统筹制订《轨道交通产业外拓项目规划》，明确产业协同发展策略、运作模式与目标市场，支撑建立项目筛选机制和绩效考核体系，打造产业协同机制，为带动广州轨道交通产业走出去奠定基础。

强化三套机制，深化产业联盟的纽带作用。一是强化企业落地机制。通过全面梳理轨道交通全产业链企业名录，分门别类建立行业先进企业库，以“五个一批”为抓手，即“培育一批、引进一批、升级一批、收购一批、孵化一批”有特色、有竞争力、高成长性的行业领先企业，补强新时代城市轨道交通产业链的薄弱环节或缺失环节；发挥广州地铁集团系统集成优势，全力打造轨道交通产业集成展示中心与轨道交通产业服务总部，为后续产业企业总部的落户提供聚集发展的基地。**二是强化联盟企业管理机制。**以创新驱动发展为目标，分别建立聚焦“存量”的入盟机制、聚焦“增量”的考核机制与聚焦“流量”的退出机制，强化联盟企业创新目标的管理；同步打造“市场需求挖掘→创新合作研发→成果落地示范→产品推广应用”的全链条、闭环式的协同创新管理体系，强化联盟企业间的凝聚力与向心力。**三是强化创新体制机制的研究。**产业发展离不开政策支持，将通过定期走访、市场调研、信息挖掘等形式，联手开展轨道交通行业理论和实践研究，拟聚焦科技创新资金支持、产业孵化扶持、高精尖人才引进等方面，提出有利于行业发展的政策建议，推动资源向优质产品和企业集中，形成整体高效的协同发展新机制。

搭建一个平台，聚力驱动创新。一方面以技术创新为主线，以创新大赛为抓手，以广州未来 800km 轨道交通线网、700km 城际线网的市场需求与场景应用为牵引，聚焦新时代城市轨道交通技术发展各领域，打造一个以国家工程实验室为依托，以项目制为主要形式，联合联盟成员开展关键核心技术的合作研发、技术引进与产业孵化的**技术攻关创新平台**。期间，按照“建设一批、启动一批、储备一批、谋划一批”的思路，建立产业联盟轨道交通关键技术产业化项目库，实施项目动态管理，逐步促进联盟企业关键技术装备创新能力及产业化水平的提升。另一方面，探索推动更多领域的模式创新，包括继续深化“十三五”机电设备总承包的创新模式，引导中标的总承包商在同等条件下，选择优先分包给产业联盟内的企业，逐步培育一批本地优秀企业发展壮大；同步探索形成以运营需求引导上层规划设计发展的新模式，即对接新时代城市轨道交通体系，挖掘运营需求，组织建立运营标准体系，并把运营需求贯穿于规划设计和建设施工的全过程，从下游推动上游的发展。

打造一个基地，实现创新成果的落地示范。以打造一个创新项目示范应用基地为目标，争取政策支持与资金保障，并按照“成熟一批、试用一批、推广一批”的思路，依托协同创新的研发成果，组织实施一批“产业基础好、掌握一定核心技术、市场潜力大、带动能力强”的关键技术研发项目成果在广州地铁部分郊区线路或客流不大的线路乃至未来承接的城际线路开展创新产品的实验，支持科研创新落地，成熟后再逐步推广至市区密集型线路，并牵头对接产业基金与企业，择机孵化为产业化项目，逐步推广至国内乃至国际市场，争取每年至少完成一个创新项目的落地。

组建一个实体化平台，携手开拓三大市场。针对产业联盟松散型组织的发展短板，在产业联盟的基础上，探索组建一个实体化的运作平台——“大湾区轨道交通产业投资发展集团”，拟以股权投资进行产业布局，聚焦“一体化运维服务、系统总承包业务、高端产品孵化、衍生增值服务”4 大业务领域，分步参股或控股产业联盟内的产业链上下游的优质企业，包括建设施工、机电装备、智能化技术与研发等各领域，实现

产业链的快速布局，致力将其打造成为轨道交通行业的服务商、集成商与投资商。后续，则重点依托整体性的 PPP 项目或系统总承包项目，聚焦湾区、国内乃至国外 3 大市场，带动关联性企业携手走出去，实现利润共享，联手做大做强；期间更可以依托项目话语权，带动创新产品的验证与示范，形成辐射效应，助推产品的推广与应用，形成可持续发展的产业核心竞争力。

未来，将聚焦**智慧轨道交通**，开展前瞻性技术研究与创新场景应用落地的实施，率先推动互联网、物联网、人工智能等新兴技术与轨道交通运营服务的跨界融合，创新研发**一套匹配新时代城市轨道交通体系的轨道交通智慧平台，打造“服务型、引领型、融合型、持续型”智慧平台**，培育产业新动能，致力打造全智慧型的轨道交通产业生态链；后续**将逐步拓展升级**，以轨道交通智慧平台为引领媒介，推进智慧工业、智慧政务、智慧医疗、智慧环保等领域的逐步落地，**集成打造一套服务城市各主要领域的智慧型综合服务平台**，强化城市的综合运营效率和资源配置能力，推进城市新旧动能转换和全方位产业转型升级，增强广州市城市综合治理能力，确立广州市在湾区智能城市建设中的先发优势，全面提升广州国际商贸中心、综合交通枢纽功能定位。

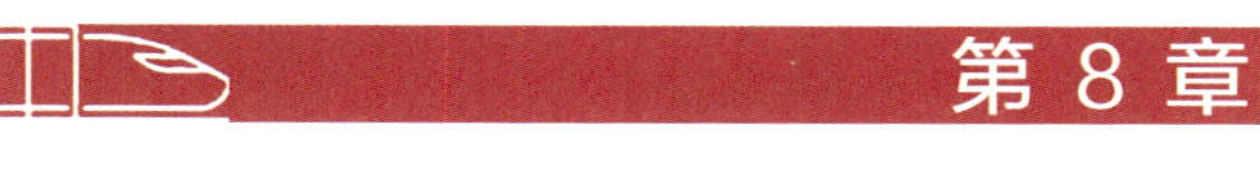

有序推进

稳步实现持续发展

新时代广州轨道交通的建设和落地将以专项研究为引导，以成果效益为本质，以工程建设为依托，以运营实践为核心，循序部署，稳步推进，采用分阶段分类别的方式来组织落实。

8.1 制订湾区轨道交通一体化政策

区域轨道交通发展受到原省城际、各城市轨道交通等多个不同类别、不同主体的立项审批、建设管理、运营管理、经营管理、资产使用等方面的政策约束，因此，必须从政策机制上取得突破。在广东省有关部门的指导下，由广州市与湾区内其他城市政府、轨道交通企业联合，超前研究提出区域轨道交通互联互通立项、建设、运营和经营管理方面的政策设计，研究制订各类跨市项目法定许可程序、区域轨道联运机制，以及有关区域轨道立法方案，为区域轨道交通联盟运作、区域联运协议的签署提供政策依据。如图 8-1 所示。

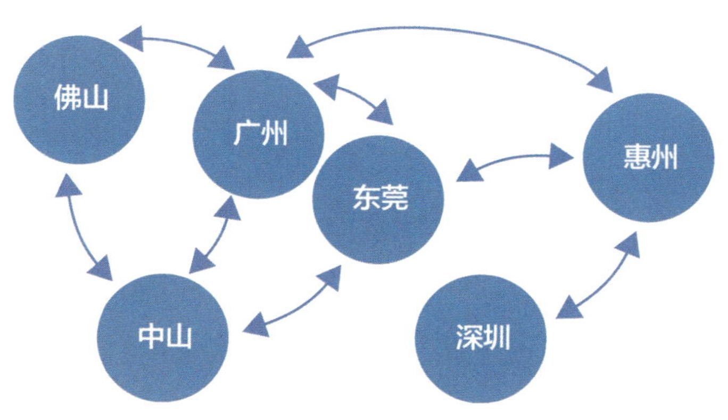

图 8-1　区域协同联运

与此同时，在现有广佛、广莞、广清城市联席会议制度的基础上，完善联席会议制度，逐步建立由广州、深圳、佛山、东莞、惠州、中山、珠海、江门、肇庆 9 市和香港、澳门 2 个特别行政区等共同组成的区域联席会议制度，定期举行会议，协调解决跨市域轨道交通及互联互通项目推进过程中出现的重大问题。

成立区域轨道一体化领导小组。协调建立以广州、深圳为主的区域轨道管理体系，建立湾区内多市政府层面的日常沟通机制，成立区域轨道一体化工作领导小组，由各方市政府主要领导担任组长，发改委、规划局、国土资源部、财政部等相关部门领导担任组员，研究提出区域轨道交通互联互通建设、运营和经营的政策机制、法定许可程序、轨道联运协议等相关内容，制订区域轨道交通互联互通行动计划，协调解决在区域轨道互联互通工作中遇到的重大问题。领导小组下设办公室，负责具体工作及重大问题的收集和初步协调，办公室主任可由各城市发改部门主要领导担任。

组建企业联合工作组。由广州地铁集团、深圳地铁集团牵头与湾区内其他城市轨道交通公司建立联合工作组，按照领导小组确定的行动计划和区域轨道交通管理规则、政策要求，制订区域轨道交通互联互通项目实施计划，协调解决实施过程中遇到的问题，针对明确的业务流程形成操作规范，解决实际推进过程中遇到的问题。

建立大湾区轨道交通联盟。为实现湾区内城际轨道交通线网与城市轨道交通线网的协同运输、湾区城市轨道交通线网的互联互通，及时建立大湾区轨道交通联盟，统一湾区轨道交通运输协同指挥机制、票务机制、信息交换机制、系统联运标准、联合建设和联合运输规则等。**建议以广州地铁集团、深圳地铁集团为主体，联合区域内其他城市轨道交通公司，在省、市政府相关部门参与、指导下，签订区域联合运输协议，组建大湾区轨道交通联盟，共同做好区域轨道交通线网规划、建设和运营。如图 8-2 所示。**

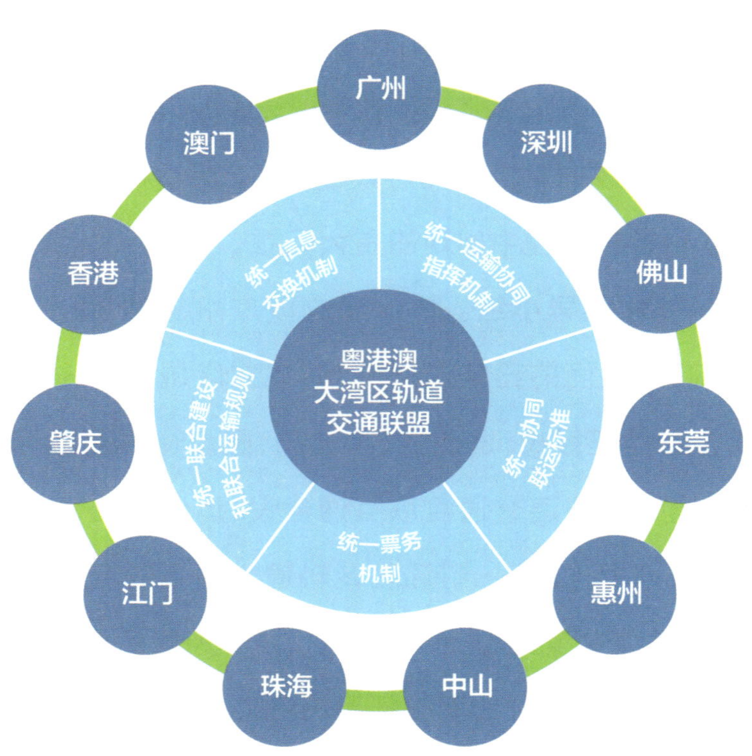

图 8-2　组建大湾区轨道交通联盟

8.2　推进智慧城市轨道交通实施

新时代广州轨道交通将聚焦乘客服务、行车组织、调度指挥、车站管理、运营维护、安全保障及应急处置 6 个方面，逐步推进落实智慧化建设，努力打造“安全、可靠、便捷、精准、融合、协同、绿色、持续”的新型城市轨道交通体系。

构建智能化的综合服务平台。在票务服务维度，以多元化票务为基础，建设线网乘客“画像”信息库，实施基于“无感支付”票务模式，开发“线上 + 线下”的便利票务设施及一体化票务智慧安检快速通行设施，同时推进粤港澳大湾区票务互联，实现多制式票务的便利通达；在资讯服务维度，以站内丰富的资讯信息为基础，将服务向站外资讯延伸，建设线网资讯发布平台，开发多元的地铁 App 资讯及引导信息，实现站内站外资讯发布统一管理；在信息服务维度，以群体性信息推送服务为基础，实现乘客需求精准定位和主动式信息推送服务；在生活服务维度，建设城市轨道交通商业服务大商圈，在乘客需求精准定位的基础上，实现线上精准服务推介功能，线下品牌 / 经营活动联动功能。

搭建运能精准投放的决策平台。通过线网客流的滚动精准预测及车站、列车各区域客流情况的实时监测和预警，实现行车间隔、交路、编组实时动态灵活调整配置，并在线网内推广实施全自动运营，长大线路实现快慢线运行，市域线开行高旅速列车，区域内开行跨线运行列车，部分线路实现 24h 运营，以满足乘客便捷出行需求。

建设数字化的调度指挥平台。高度网络化运营，线网智慧调度应体现在精准型、智能化、一体化等方面，要建设线网调度集中管理系统，实现数字化应急处置决策及智能化线网资源配置的科学智能调度决策功能，实现重点目标可视化、信息获取立体化、通信指挥智能化、信息报送一体化的高效智能调度指挥。

打造无人值守的车站管理模式。新时代城市轨道交通实现车站管理由“单站管理”向“区域化管理”发展，最终实现远郊车站“无人值守”的管理模式，线网形成集成化车站设备设施管理及移动化站务运作模式。客运组织方面实现自适应的联动功能，包括自适应行车 – 客运联动及自适应客运信息诱导。

构建智能联动的安全应急处置平台。新时代城市轨道交通按线网规模规划线网安检网络化集成系统，实现集中智能判图及“人物同检”“无感安检”功能；设置集成化全覆盖安防监控系统，实现即时预警分析、消防安全联动、车站、车辆、段场安全防控功能；设置全方位城市轨道交通保护措施，包括卫星监控地保、无人机巡检、全自动隧道变形监测；建设应急监测预警平台及线网应急救援平台，实现网络化应急管理。

配置深度维修的综合管控平台。 新时代城市轨道交通应实现单专业运维模式向多元化的运维模式转变，配置深度维修综合管控平台，实现适配线网的深度维修的基地规划配置、设备维护与深度维修全景联动、运维管理与物资需求响应共建管理、运维全寿命周期共享机制、运维设备安全准入及过程服役质量评价等功能。

在具体落地推进方面，将基于成熟一批、落地一批的原则逐级落地应用。第一阶段，即计划于 2019 年年底，打造示范工程车站，届时将在乘客服务及车站管理方面功能全面达到智慧地铁 Gos2 级，票务及资讯服务方面部分功能达到 Gos3 级；第二阶段，即计划到 2025 年年底，逐步实现“十三五”新建线路与车站达到智慧地铁 Gos3 级，同期升级改造的已开通线路按智慧地铁 Gos3 级技术标准实施；第三阶段，即计划“十四五”及后期规划线路逐步提升至智慧地铁 Gos4 级。

参考文献

[1] 何霖．城市轨道交通运营筹备与组织[M]．北京：中国劳动社会保障出版社，2008.

[2] 刘靖．城市轨道交通线网运营指挥系统工程[M]．北京：电子工业出版社，2017.

[3] 中国城市科学研究会数字城市专业委员会轨道交通学组．智慧城市与轨道交通（2017）[M]．北京：中央民族大学出版社，2017.

[4] 住房和城乡建设部地铁与轻轨研究中心．城市轨道交通技术规范：GB50490—2009[S]．北京：中国建筑工业出版社，2009.

[5] 陶涛，龙静，龚玲．可靠性管理在城市轨道交通车辆全寿命周期内的应用[J]．城市轨道交通研究，2014，17（12）：4-7.

[6] 卡哈尔江．地铁安防系统集成方案探讨[J]．城市轨道交通研究，2013，16（04）：77-81.

[7] 张喜．城市轨道交通通信与信号概论[M]．北京：北京交通大学出版社，2012.

[8] 全永燊，王婷，余柳．城市交通若干问题的思考与辨识[J]．城市交通，2018，10.

[9] 唐林涛，邱利伟，章国平，等．城市轨道交通的人性化设计[J]．城市轨道交通研究，2016.

[10] 丁小兵．轨道交通信息系统与数据处理[M]．北京：中国铁道出版社，2018.

[11] 秦勇．城市轨道交通路网运营安全保障理论与应用[M]．北京：科学出版社，2019.

[12] 城市轨道交通列车通信与运行控制国家工程实验室．全自动运行系统安全报告[R].2017-11.

[13] 城市轨道交通列车通信与运行控制国家工程实验室．城市轨道交通全自动运行系统建设指南[R].2017-12.

[14] Railway applications-Urban guided transport management and command control systems[Z].EN 62290-1.2014.

[15] 田沃．城市轨道交通 AFC 系统人脸识别技术应用研究[J]．信息与电脑，2019（4）.

[16] 姜秋耘．基于人工智能系统的地铁安检模式研究[J]．科技和产业，2019（4）.

[17] 郭锐．自动售检票系统中人脸识别技术的解决方案[J]．铁路技术创新，2018（02）：12-15.

[18] 常博．自助票务客服技术在 AFC 系统中的应用[J]．微型电脑应用，2018，34（10）：120-122.

[19] 梁春亮，车雪峰．自助票务客服技术在轨道交通 AFC 系统的应用探索[J]．机电产品开发与创新，2017（4）.

[20] 工业互联网产业联盟．工业互联网平台白皮书[R].2017.

[21] 中国电子技术标准化研究院．工业物联网白皮书[R].2017.

[22] 中国信息通信研究院. 云计算发展白皮书 [R].2018.

[23] 中国信息通信研究院,中国人工智能产业发展联盟. 人工智能发展白皮书技术架构篇 [R].2018-09.

[24] 边缘计算产业联盟,工业互联网产业联盟. 边缘计算参考架构 2.0[R].2017.

[25] 中国信息通信研究院. 大数据白皮书 [R].2018.

[26] 中国电子技术标准化研究院,全国信息技术标准化技术委员会大数据标准工作组. 大数据标准化白皮书 [R].2018.

[27] 中国电子技术标准化研究院. 工业互联网平台标准化白皮书 [R].2018.

[28] 工业互联网产业联盟. 中国工业大数据技术与应用白皮书 [R].2017.

[29] 钟华. 企业 IT 架构转型之道阿里巴巴中台战略思想与架构实战 [M]. 北京:工业出版社,2018.

[30] 中华人民共和国住房和城乡建设部联合发. 地铁设计规范:GB 50157—2013 [S]. 北京:中国建筑工业出版社,2013.

[31] 中华人民共和国住房和城乡建设部. 城市轨道交通综合监控系统工程技术规范:GB/T 50636—2018[S]. 北京:中国建筑工业出版社,2018.

[32] 中华人民共和国国家质量监督检验检疫总局. 轨道交通可靠性、可用性、可维修性和安全性规范及示例:GB/T 21562—2008[S]. 北京:中国标准出版社,2008.